Vivian Gussin Paley bildet an der University of Chicago Kindergärtner/innen aus. Für ihre Pionierarbeit in der Technik des Geschichtenerzählens und seines Einsatzes im Klassenzimmer hat sie den MacArthur-Preis erhalten.

Deutsche Erstausgabe Januar 1992
© 1992 Droemersche Verlagsanstalt Th. Knaur Nachf., München
Das Werk einschließlich aller seiner Teile ist urheberrechtlich
geschützt. Jede Verwertung außerhalb der engen Grenzen des
Urheberrechtsgesetzes ist ohne Zustimmung des Verlages
unzulässig und strafbar. Das gilt insbesondere für Vervielfältigungen,
Übersetzungen, Mikroverfilmungen und die Einspeicherung und
Verarbeitung in elektronischen Systemen.
Titel der Originalausgabe »The boy who would be a Helicopter«
© 1990 by the President and Fellows of Harvard College
Published by arrangement with Harvard University Press
Originalverlag Harvard University Press
Umschlaggestaltung Adolf Bachmann
Umschlagfoto Eva Lindenburger/Silvestris
Satz MPM, Wasserburg
Druck und Bindung brodard & taupin, La Fleche
Printed in France   5 4 3 2 1
ISBN 3-426-02438-1

Vivian Gussin Paley:
Jason – der Junge, der ein Hubschrauber sein wollte

Aus dem Amerikanischen von Gerlinde Schermer,
Adelheid Zöfel, Kollektiv Druck-Reif

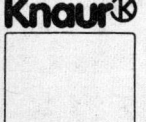

Inhalt

Vorwort
7

Vorbemerkung
13

Geschichten erzählen,
Geschichten spielen
15

Lehrerin und Theorieschaffende
31

Jasons Geschichte
51

Neue Fragen
219

Vorwort
ROBERT COLES

Dieses Buch ist der faszinierende und bewegende Bericht einer Lehrerin über ihre Arbeit mit Kindern, über ihre Arbeit mit jungen Lehrern, die lernen wollen, mit Kindern konstruktiv und phantasievoll umzugehen, und nicht zuletzt ein Bericht darüber, wie diese Lehrerin an sich selbst gearbeitet hat: Sie nimmt sich die Zeit, über ihre Beobachtungen nachzudenken und sie zu analysieren, und sie steht auch zu ihren Fehlurteilen und falschen Entscheidungen. Bei der Lektüre mußte ich immer wieder an mein letztes Gespräch mit Anna Freud denken. Anna Freud war damals schon über achtzig und hatte nur noch vier oder fünf Jahre zu leben. An jenem Tag waren ihre Gedanken vor allem auf die Vergangenheit gerichtet: Sie erzählte von ihrer Arbeit mit englischen Kindern im Zweiten Weltkrieg, die die Bombenangriffe der Nazis mitgemacht hatten, und von ihren Erfahrungen mit Kindern, die die Vernichtungslager der Nazis überlebt hatten. Wir erörterten auch ihre seit langer Zeit bestehenden Differenzen mit der Psychoanalytikerin Melanie Klein, und wie immer war das, was Anna Freud zu diesem Thema sagte, ausgesprochen einleuchtend, doch nun klang die Schilderung der unterschiedlichen methodischen Ansätze beinahe rührend und sehr bescheiden:

Ich versuche [bei meiner Forschungsarbeit] immer den Kindern die Initiative zu überlassen und von ihnen zu lernen. Vielleicht hätte ich sogar noch mehr aus ihrem Verhalten ableiten können, als ich es getan habe... Ich glaube, wenn ich mit kleinen Kindern in einem Zimmer bin, ... dann kann jeder sehen, wie ich sie aufmerksam beobachte und versuche, ihnen in jeder Hinsicht zu folgen. Und wenn ich dann wieder alleine bin, grüble ich lange nach über das, was ich gesehen und gehört habe. Ich habe dabei immer mit meinen Zweifeln zu kämpfen und bin mir meiner Sache ganz und gar nicht sicher. Bei Melanie Klein war das ganz anders, glaube ich; ich glaube eigentlich, daß sie (manchmal schon im ersten Moment) recht genaue Vorstellungen davon hatte, was mit einem Kind los war. Sie betonte uns gegenüber immer wieder gerne, daß sie sehr klare Einblicke in die [psychologischen] Entwicklungsprozesse bei kleinen Kindern hatte. Vor langer Zeit fragte mich einmal ein Kollege, woher [Melanie Klein] die innere Verfassung von Kleinkindern und Vorschulkindern denn so genau kenne. Damals habe ich mich geärgert; und ich weiß noch, daß ich antwortete: »Fragen Sie sie doch selbst, dann können Sie mir ja später erzählen, was sie gesagt hat!« Inzwischen würde ich etwas gelassener reagieren; ich würde vielleicht erwidern: »Sie weiß etwas, was wir noch nicht wissen, und das sollten wir bewundern.« Wahrscheinlich würde ich dann noch hinzufügen: »Melanie Klein erzählt uns, was ihrer Meinung nach in den Kindern vorgeht, und wir versuchen immer noch herauszufinden, was tatsächlich vor sich geht, indem wir die Kinder beobachten und ihnen zuhören — darin liegt der Unterschied.«

Anna Freuds Haltung — daß wir von Kindern immer wieder Neues lernen können — entspricht genau der Einstellung von Vivian Paley. Sie unterrichtet seit vielen Jahren und ist schon ebenso lange die aufmerksamste Schülerin der Kinder. Ihr jüngstes Buch zeugt von einer großen Bereitschaft und Offenheit, sich mit all den neuen Gedanken und Ideen auseinanderzusetzen, die der turbulente Schul- und Kindergartenalltag mit sich bringt. Immer wieder betont sie, daß das Klassenzimmer für sie ein Ort ist, an dem ständig wechselnde und ungemein spannende Interaktionen stattfinden — zwischen einem Kind und einem anderen, zwischen jemandem, den man als Erwachsenen, als Lehrer bezeichnet, und anderen, die man Schulkinder nennt. Außerdem erfahren wir in diesem Buch etwas über die Wechselbeziehung zwischen einer Erwachsenen, die seit langer Zeit im Schulsystem arbeitet, und anderen Erwachsenen, die weniger Erfahrung haben. Für uns, die Leser, ist vor allem auch wichtig, daß Vivian Paley klar und packend schreibt — sie ist selbst eine Geschichtenerzählerin, die sich geduldig und mit großem Interesse die Geschichten ihrer Schüler anhört und sie dabei offensichtlich sehr intensiv kennenlernt. Das Ergebnis ist ein fesselnder Bericht über zwischenmenschliche Begegnungen, die offen und nüchtern beschrieben werden — ein wichtiger erzieherischer Prozeß und gleichzeitig ein Beispiel dafür, was die literarisch-dokumentarische Tradition zu bieten hat: eine kontinuierliche Erfahrung wird sorgfältig dokumentiert und lebendig wiedergegeben.

Der besondere Charme dieses Buches liegt in seinem direkten Bezug zum wirklichen Leben — die Autorin tut alles dafür, daß wir den Kindern so nahe wie möglich kommen. Wir erleben die Kinder, so wie sie selbst als ihre Lehrerin sie erlebt hat, sie sprechen auf ihre eigene, unnachahmliche Art und Weise — liebenswert und bezaubernd, aber im nächsten Augenblick auch verwirrend, ja, beunruhigend. Wir erleben sie als die Geschichtenerzähler, die sie sind, und als die Schauspieler und Schauspielerinnen, die sie sind, immer bereit, bei einem Theaterstück mitzumachen, das sie selbst oder jemand anderes verfaßt haben; und wir lernen sie kennen, weil eine phantasievolle Lehrerin und intelligente Schriftstellerin es sich zur Auf-

gabe gemacht hat, präzise zu beobachten und ihre Erfahrungen und Erkenntnisse überzeugend und gleichzeitig vorurteilsfrei wiederzugeben — in sich schon eine seltene Fähigkeit.
Es erübrigt sich fast zu erwähnen, daß alle Leser sich besonders für Jason interessieren werden, den »Jungen, der [manchmal, in besonders spannenden Augenblicken, möchte man schnell hinzufügen] ein Hubschrauber ist«. Das Buch konzentriert sich auf diesen interessanten, provozierenden, geheimnisvollen Protagonisten und auf diejenigen, die sich auf unterschiedliche Art bemühen, ihn zu verstehen, und versuchen, ihn aus seinem Schneckenhaus zu locken und seine Verhaltensweisen mit den ihren in Einklang zu bringen. Es ist ein fesselnder und keineswegs seltener Prozeß — ein abweisender Außenseiter, der alle Aufmerksamkeit auf sich lenkt und das Interesse und die Neugier derer weckt, die sich in der Gemeinschaft durchaus wohl fühlen. Schritt für Schritt wird Jason zu Vivian Paleys Lehrer und hilft ihr, andere Lehrer zu lehren: ihre Mitarbeiter und auch diejenigen, die dieses Buch lesen — und ich hoffe, das werden viele sein. Ich hoffe auch, daß wir alle, die wir dieses Buch lesen und in ihm eine begabte Lehrerin und ihre lebhaften kleinen Schüler kennenlernen, uns daran erinnern, welche Methode die Autorin für dieses Buch gewählt hat: Der Schwerpunkt liegt auf der gewissenhaften Darstellung ihrer Erfahrungen und Erlebnisse; Verallgemeinerungen und Abstraktionen sind von zweitrangiger Bedeutung. Es gibt heutzutage so viele ambitionierte Theoretiker, die jede Gelegenheit nutzen, um sich im Rampenlicht zu sonnen, und uns mit großspurigen Erkenntnissen überhäufen, die eigentlich nur dem eigenen beruflichen Fortkommen dienen sollen. Hier nun finden wir eine Lehrerin, die der Vielfalt und den Geheimnissen des Lebens ihre Würde läßt, die behutsam vom beobachteten Leben zu wohldurchdachten Kommentaren

schreitet und die — was zugleich erstaunlich und erfrischend ist — durchaus die Bereitschaft zeigt, Fehler zuzugeben, sich bei den Kindern und bei jüngeren Kollegen zu entschuldigen, wenn sie sich geirrt hat, und sich ihre eigenen Schwächen einzugestehen. Die jungen Menschen, denen wir auf den folgenden Seiten begegnen, wußten zweifellos, wie glücklich sie sich schätzen konnten, eine solche Lehrerin zu haben, so wie auch wir anderen, die wir Vivian Paley durch dieses Buch kennenlernen, ihr dafür danken, daß sie es geschrieben hat.

Vorbemerkung

Wenn jemand mich bitten würde, einen der schönsten und befriedigendsten Augenblicke meiner Laufbahn als Lehrerin zu beschreiben, dann würde ich wahrscheinlich Jason und das Mutterschwein auswählen. Das Schwein kommt in einer Geschichte vor, die Katie erzählt, und Jason ist der Junge, der uns Tag für Tag erzählt, sein Hubschrauber sei kaputt.
»Komm, hör dir Katies Geschichte an«, rufe ich Jason zu. »Das Mutterschwein macht etwas, was mich an dich erinnert.«
Jason kommt an den Geschichtentisch und bläst dabei auf die Propellerflügel seines Hubschraubers, eine der Methoden, mit denen er seinen Helikopter repariert, wenn er kaputt ist. Ich lese ihm vor, was Katie mir gerade diktiert hat.

Da sind drei Schweine. Und das Mutterschwein ist auch da. Dann kommt der Wolf und pustet das Haus kaputt. Und die Mutter setzt es wieder zusammen.

»Das erinnert mich daran, wie du deinen Hubschrauber reparierst«, sage ich.
Jason und Katie lächeln sich an, und ich bin meinem Traum, zwischen allem, was in diesem Raum passiert, Verbindung herzustellen, wieder einen Schritt nähergekommen. Meine Angewohnheit, zwischen den Bildern und Vorstellungen der Kinder unsichtbare Verbindungslinien zu ziehen, ist die beste Idee, die ich als Lehrerin je hatte, glaube ich — obwohl Jason, dessen

Geschichte den größten Teil dieses Buches ausmacht, seine eigenen Linien zwischen sich und seinem Hubschrauber zieht.
Er ist für mich der Inbegriff des Außenseiters, unabhängig von ethnischer Herkunft, Ort und Alter. Das Symbol, über das er sich selbst definiert, ist es, was ihn von uns trennt; er ist derjenige, bei dem wir lernen müssen, wie wir ihn in unsere Schulkultur aufnehmen können, wenn diese wirklich eine Insel der Geborgenheit und der Vernunft für alle sein soll. Was mit Jason in der Schule passiert, ist ein Spiegel dessen, inwieweit wir hier unsere moralischen Ansprüche verwirklichen.
Sicherlich gibt es wissenschaftliche Schlagworte, die man Jason überstülpen könnte, aber wir wollen ihn weder definieren noch in eine Schublade stecken. Keinem von uns sollen bestimmte Aufgaben oder Eigenschaften zugeschrieben werden; man lernt uns innerhalb des alltäglichen Kontextes kennen. Wir werden Jasons Hubschraubergeschichten hören und ihm dafür unsere eigenen Geschichten erzählen. In dem Entwicklungsprozeß, der hier im Klassenzimmer stattfindet, ist jede Entdeckung so notwendig und wichtig wie alle anderen, denn es geht uns um mehr als nur um Phantasie. Es geht uns um Fairneß.
Die Geschichte von Jason und seinem Hubschrauber erinnert uns daran, daß jedes Kind, wenn es das Klassenzimmer betritt, sozusagen in seinem eigenen »Gefährt« ankommt, das nur von ihm selbst angetrieben wird, in seinem eigenen Tempo und zu einem ganz spezifischen Zweck. Und genau dort beginnt die faire Auseinandersetzung mit Kindern — das Unterrichten wird zu einem moralischen Akt.

Geschichten erzählen, Geschichten spielen

»Wer bist du, Lilly?« Ich beuge mich bei dieser Frage tief zu der Gestalt hinab. Sie hat einen Hut auf und versucht gerade, mir eine Strohtasche über die Füße zu ziehen.
»Ich und Eli haben unser Baby verloren«, antwortet sie und verschwindet in der Puppenecke.
Später wird aus Lilly, die Geschichten spielt, Lilly, die Geschichten erzählt. Eine leichte Verschiebung der Perspektive, die es mir nach vielen Jahren endlich ermöglicht hat, meine Rolle als Lehrerin zu finden.

Es war einmal eine Mutter und ein Vater. Sie jagten hinter ihrem kleinen Mädchen her. Das Mädchen ist in eine Falle gegangen. Ende.

Ein Tag, an dem keine Geschichten erzählt werden, ist für mich ein Tag, dem der innere Zusammenhang fehlt. Die Kinder können wenigstens spielen, aber ohne ihre Geschichten, die für mich den Zugang zu ihren Phantasien und Plänen bilden, weiß ich plötzlich nicht mehr, was für diese Kinder »wirklich« ist.
Ich höre mir die Geschichten dreimal an: Wenn sie mir von den Kindern diktiert werden, wenn wir sie ausagieren und dann noch einmal zu Hause, wenn ich die Tonbandaufzeichnungen abschreibe. Danach spreche ich mit den Kindern darüber, sooft es möglich ist. Die Geschichten bilden auch das Zentrum meiner Phantasievorstellung, daß ich eines Tages all die Dinge, die wir im Klassenzimmer sagen oder tun, miteinander verbinden kann.
Was wäre geschehen, wenn wir an dem Tag, an dem Joseph ei-

nen neuen Schluß für *Das schwitzende Nilpferd* brauchte, keine Geschichte erzählt hätten? Ein wütender Schluß mußte es sein. Ich hätte an einem anderen Tag, an dem er wütend war, nicht einfach sagen können: »Weißt du noch, wie du damals das schwitzende Nilpferd warst und alle Fische aufgefressen hast?«

In dem ursprünglichen afrikanischen Märchen ist dem Nilpferd sehr heiß. Es geht zu Ngai, dem Gott aller Kreaturen, und bittet darum, im Wasser leben zu dürfen. »Nein«, entscheidet Ngai, »das geht nicht, denn du würdest alle meine Fische fressen.« — »Das werde ich nicht tun«, verspricht das Nilpferd. »Ich werde mit dem Schwanz wedeln und mein Maul ganz weit aufreißen, damit du sehen kannst, daß keine Gräten darin sind.« — »Nun gut«, sagt Ngai, »aber nachts mußt du aus dem Wasser kommen.« Das Nilpferd ist einverstanden, und damit ist die Geschichte zu Ende.

Aber Joseph will den Handlungsverlauf unbedingt neu gestalten. Sein Ngai befiehlt dem Nilpferd, die Fische aufzufressen. Joseph steht sogar auf, als er die Worte spricht: »Spring in das Wasser, Nilpferd, und friß die Fische auf! Ich hasse sie! Friß alle Tiere!«

Samantha ist damit nicht glücklich. Sie beschließt, in ihrer Geschichte auch das Nilpferd zu sein. Als jetzt das Nilpferd darum bittet, im Wasser leben zu dürfen, fällt Ngai tot um, und das Nilpferd ist der neue Gott. »Das Nilpferd ist der Gott von allem«, verkündet Samantha, »und man darf es nicht ärgern.«

Wer sind diese Leute, die es wagen, Mythen und Sagen neu zu erfinden? Es sind die Kinder, die man in jedem Klassenzimmer findet. Sie denken sich Handlungen und Dialoge aus, ohne jede Anleitung. Und meistens, ohne daß die Lehrer eine Ahnung davon haben.

Erstaunlicherweise wissen Kinder von Geburt an, wie man Gedanken und Gefühle in die Form einer Geschichte bringt. Wenn sie Angst haben, sich zu verlaufen, spielen sie die Eltern, die sie suchen; wenn sie wütend sind, entdecken sie ein schwitzendes Nilpferd, das der Welt seinen Willen aufzwingen kann. Selbst das Glück hat seinen spezifischen Handlungsverlauf und seine Charaktere: »Stell dir vor, ich bin das Baby, und du liebst nur mich, und du redest nie am Telefon.«
Es ist nur Spiel, natürlich; aber es ist auch eine Geschichte, die in Aktion umgesetzt wird. Und Geschichtenerzählen ist nichts anderes als Spielen in erzählerischer Form. Diese Unterscheidungsmerkmale sind wichtig für mich, denn das Geschichtenerzählen und Geschichtenspielen bestimmt den Unterricht in jedem Klassenzimmer, in dem ich als Lehrerin arbeite. Irgendwo steckt in jeder Phantasievorstellung eine Lektion, die mich zu Fragen und Kommentaren anregt; die mir einen kurzen Einblick in die umfassende Thematik gibt, welche die individuellen Anliegen und Nöte miteinander verbindet.

»Lilly, ich denke über das verlorengegangene Mädchen nach. Haben die Eltern sie gefunden?«
»Sie sind in den falschen Wald gegangen. Da ist ein Löwe.«
»Ein netter Löwe?«
»Ein König. Sie haben im falschen Wald gesucht.«
In meinen Anfangsjahren als Lehrerin habe ich auch im falschen Wald gesucht. Ich schenkte dem Spiel der Kinder nur wenig Aufmerksamkeit und hörte die Geschichten nicht, obwohl es einmal eine Zeit gegeben haben muß, in der auch ich mir solch wundersame Ereignisse vorgestellt habe.
Tatsächlich handeln meine lebhaftesten Kindheitserinnerungen von der täglichen Jagd von Räuber und Gendarm auf dem Spielplatz. Habe ich mitgespielt oder nur zugesehen? Im stil-

len gehe ich die Gespräche durch, die ich damals in der Schule
geführt habe; und die Erinnerung an einen Zettel, den ich jemandem zugesteckt habe — oder vielleicht war er auch an
mich gerichtet —, taucht vor meinem inneren Auge auf. Ich
sehe den Zettel heute noch deutlich vor mir: »Wer willst du
sein? Spielen wir, daß wir Schwestern sind?«

Nichts sonst zählte, nur das Spiel. Im Spiel lebten wir Angst
und Freundschaft aus und schufen Charaktere, denen wir die
entsprechenden Worte in den Mund legten. Ob wir uns wohl
fühlten oder nicht, hing hauptsächlich davon ab, welche Rollen wir uns ausdachten.

Sorgfältig wachten wir darüber, daß diese Geheimnisse nicht
im Klassenzimmer aufgedeckt wurden. Sonst hätte Ngai sich
vielleicht von uns abgewandt und uns die Erlaubnis entzogen,
im kühlen Wasser zu baden. Ngai mochte es nicht, wenn so
viele schwitzende Nilpferde die Schulstunden damit vergeudeten, sich Geschichten zu erzählen.

Glücklicherweise können aber selbst tausend Ngais den
Drang zum Geschichtenerzählen nicht ausmerzen. Er ist latent immer vorhanden und wartet nur darauf, aktiv werden
zu dürfen. Selbst als ich Josephs Geschichte von Ngai nacherzählte, konnte ich nicht anders: Ich mußte eine eigene hinzufügen. Denn Geschichtenerzählen ist ansteckend; die Geschichten der Kinder lassen die Phantasie der Lehrerin wiederaufleben.

Wenn wir tief in unsere kollektiven Phantasien vorstoßen, ist
es leichter, Zusammenhänge herzustellen und neue Mythen zu
schaffen. Wenn in einem Klassenzimmer keine eigenen Legenden entstehen, ist dies ein Zeichen dafür, daß niemals Reisen
unter die Oberfläche unternommen wurden, dorthin, wo das
eigentliche Leben sich abspielt.

Die Phantasien einer Gruppe bilden die Grundlage ihrer Kultur; dort suchen wir nach verbindenden Elementen. Etwas, was wir schon vergessen haben, können die Kinder am allerbesten: sie zeigen uns, wie man Geschichten erfindet. Vielleicht ist das, was sie tun, für uns ein Vorbild dafür, wie man an einen Gedanken ohne Scheuklappen oder vorgefaßte Meinung herangeht.

»Ich hab' Räuber gehört«, flüstert Edward. »Ich stecke sie ins Gefängnis.«
»Nein, ich«, widerspricht Eli.
»Nicht beide. Das sind zu viele. Einer muß ... nicht zu viele.«
»Doch, du bist der Papa-Polizist, und ich bin der Große-Bruder-Polizist.«
»Beide zwei Polizisten?«
»Das sind nicht zu viele.«
»Das sind genau zwei. Zwei zusammen, ein Papa und ein Bruder.«
Keine Lehrerin könnte eine Lektion aus dem Ärmel schütteln, die besser erklärt, was die Worte »zu viele« und »beide« bedeuten. Eli und Edward können in ihrem Spiel solche Abstraktionen aus einer Geschichte heraus faßbar machen. Indem sie einen Begriff oder ein Konzept in eine Spielhandlung umsetzen, wenden die Kinder eine natürliche Methode an, sich zu konzentrieren und eine Kontinuität zu schaffen — gleichzeitig befriedigen sie den intuitiven Glauben an verborgene Bedeutungen.
Deshalb tut Spielen so gut. Das Entdecken und Nutzen der wesentlichen Teile unseres gesamten Selbst, von Kopf und Bauch, ist die beglückendste Erfahrung, die es gibt. Sie löst Blockierungen und schafft neue Wege. Jeder Zugang zur Sprache und zum Denken, der das Theaterspielen außer acht läßt — und damit die grundlegenden Themen von Freundschaft, verlore-

ner und wiedergefundener Sicherheit —, ignoriert damit auch den größten Ansporn für den schöpferischen Prozeß.

Das Spiel und sein notwendiger Kern, das Geschichtenerzählen, sind in Vorschule und Kindergarten die primäre Realität; vielleicht sind sie auch die Grundlage aller späteren kreativen Prozesse, die mit Phantasie zu tun haben. Für jüngere Schüler läßt sich ohne weiteres behaupten, daß sie nur im Spiel mit Sachverhalten konfrontiert sind, die sie von Anfang bis Ende durchschauen.

Man stelle sich vor: Zwei Dutzend Kinder haben sich selbst in Theatergruppen organisiert, jede Gruppe spielt eine andere Geschichte. Sie bewegen sich durch die Kulissen der anderen Gruppen, stellen unterschiedliche Auffassungen von Leben und Tod dar, erfinden neue Ziele, eine neue Handlung, und niemand fragt auch nur ein einziges Mal: »Was geht hier eigentlich vor?«

Während Lilly ihre Geschichte diktiert, pfeifen uns von allen Seiten lautstark Bruchstücke von mindestens einem halben Dutzend anderer Themen um die Ohren.
»Du willst Tiger sein? Ein Säbelzahn?«
»Superman! Ich hab' dich erschossen!«
»Au, au, Mama, Mama!«
»Ghostbusters! Green Slimer!«
»Miau, miau, liebes braves Kätzchen.«
»Bist du der Papa, Simon? Hier ist unsere Höhle für brave Bären.«
Kein einziges Kind fragt: »Was tun die da? Warum krabbeln und robben und klettern die alle herum?« Es gibt keine Verwirrung, nur den dringenden Wunsch, in einer Geschichte mitzumachen oder einen Kameraden zu finden, der bei der eigenen mitspielt.

Führt die Lehrerin jedoch auch nur eine winzige Veränderung in den Tagesablauf ein und stellt zum Beispiel neue Essensgruppen zusammen, werden alle nervös. In welcher Gruppe bin ich? Wohin soll ich gehen? Das ist nicht die Schuld der Lehrerin. Die natürliche Ordnung des Klassenzimmers einer Vorschule sperrt sich gegen jedes Projekt, das Phantasie oder Freundschaft nicht berücksichtigt. Die Kinder können sich die Beweggründe der Lehrerin nicht erklären und ihre Logik nicht nachvollziehen.

Hätte die Lehrerin gesagt: »Simon, du warst vorher in der Bärenhöhle der Vater von Joseph, deshalb mußt du dich jetzt an diesen Tisch setzen«, hätte sie jeder verstanden, und Simon wäre ihrer Anordnung problemlos gefolgt. Oder hätte ein Kind vorgeschlagen: »Wir tun so, als ob ein Räuber den Tisch gestohlen hat, und dann haben wir einen anderen gefunden«, dann wäre dieser Vorschlag sofort in die Tat umgesetzt worden.

»So tun als ob« verwirrt den Erwachsenen häufig, aber für das Kind ist das Reich der Phantasie die wirkliche Welt, es ist das, was zählt; eine Bühne, auf der jede Identität möglich ist und jeder noch so geheime Gedanke gefahrlos offenbart werden kann. Die großen Schriftsteller wissen das genau, denn sie erinnern sich an ihre Kindheit. Und so schildern sie Charaktere, die sich nur dann wirklich fühlen, wenn sie so tun, als wären sie jemand anderes. Jeglicher Illusion beraubt, streifen sie ziellos umher und fragen sich: »Wer bin ich? Was soll ich tun?«

Ebenso ergeht es den Kindern, die neu in die Schule kommen. Ziellos und verwirrt irren sie umher, bis jemand eine Phantasie mit ihnen teilt und sie eine Rolle spielen läßt. Dann erst entwickelt sich bei ihnen ein Gefühl für den Ort und die Personen um sie herum, und die Worte kommen freudig und entschlossen über ihre Lippen.

Wenn ich mich im gleichen Rhythmus bewegen will wie die Geschichtenerzähler, die mein Klassenzimmer bevölkern, muß ich mich ganz auf ihre Spielregeln einlassen, denn sonst reden wir aneinander vorbei. Ich kann natürlich niemals so sein wie sie, denn ein Kind, das Geschichten erzählt, agiert diese immer auch spielerisch aus. Das Spiel ist die Vorlage und gleichzeitig das angestrebte Ziel. Selbst hinter der rudimentärsten Geschichte aus dem Mund eines Dreijährigen, hinter einer bloßen Aufzählung von Dingen auf dem Tisch verbirgt sich ein Handlungsablauf, der nur noch nicht ausformuliert ist.
»Eine Kreide kommt und Papier und eine Schere« kann man auch so verstehen: »Ich spiele, ich bin ein Stück Kreide, und ich male auf einem Papier, und die Schere versucht, mich zu zerschneiden, und ich rolle vom Tisch.«
Eine Geschichte hat immer eine Handlung. Worte stehen immer für ein Geschehen, und so werden sie zur Vorlage für ein Theaterstück. Samantha, vier Jahre alt, schneidet einen Kreis aus und schiebt ihn auf der Tischkante hin und her, während sie wartet, bis sie mit ihrer Geschichte an der Reihe ist.

Es war einmal ein kleines Baby, das hatte einen Kreis. Und es schrie nach der Flasche. Und dann war der Kreis ein Zauberkreis. Und dann hat es nicht mehr geschrien. Es war jetzt groß.

Der Kreis muß wirklich ein Zauberkreis sein, denn wie sonst könnte eine solche Geschichte aus ihm entstehen? Und Josephs Superheldenspiel entwickelt sich ebenso mühelos zu einer Geschichte. »Ich bin Batman!« ruft er und wirbelt mit seinem Umhang zwischen den Tischen herum.
»Warum bist du nicht He-Man?« fragt Alex. »Er ist stärker.«
»Aber ich kann fliegen. Guck mal, mein Mantel!«
Kurz darauf erzählt Joseph eine Geschichte: »Einmal ist He-

Man gekommen, und Batman ist höher geflogen. Er war stärker. Und er hat alle gerettet.«
»Wie hat er alle gerettet?« frage ich.
»Weil er die Bösen gefangen hat«, antwortet Joseph. »He, Alex, wer willst du in meiner Geschichte sein?«
»Ich bin Skeletor.«
Das gefällt Joseph, der mir anvertraut: »Alex ist immer gern der Böse.« Joseph kennt Alex' Einstellung zu Gut und Böse besser als ich, denn sie spielen zusammen, und Spielen ist die fesselndste und informativste Form des Geschichtenerzählens.
Rollenspiel und Geschichtenerzählen gehören eng zusammen. Ein Beispiel dafür gibt Edward, als wir eine Geschichte ausagieren, die er erzählt hat. Noch bevor ich die ganze Geschichte, die er mir diktiert hat, vorlesen kann, kehrt er schon in die Phantasiewelt zurück. »Du hast nichts über den Bösen gesagt. Und da ist auch noch ein Wolf. Weil dort ein Schornstein raucht. Und auch ein Baby war dort.«

Es ist bemerkenswert, daß die erste Geschichte, die ein Kind in seinem Leben erzählt, jedesmal etwas Einzigartiges ist. Lilly begann ihre Laufbahn als Geschichtenerzählerin auf eine Art und Weise, die völlig neu und einmalig war.

Papa hat den Fernseher ausgemacht.

Das ist ihre Geschichte, mehr nicht. Ihre zweite Geschichte, zwei Tage später, beleuchtet ein anderes Ereignis.

Lilly wollte ihr Schlafanzugoberteil nicht ausziehen. Das wollte ich sagen.

Nach einer Woche taucht ein Babysitter in ihrer Geschichte auf.

Mashie. Da war Mashie. Sie hat schwarze Haare. Und da sind Mama und Papa. Und Lilly.

Die nächste Geschichte klingt ganz ähnlich, aber es gibt einen wichtigen Zusatz.

Da war Mashie. Und da waren Mama und Papa. Und Lilly. Und die Mama bleibt.

Ende des Monats kann man bereits deutlich soziale Einflüsse beobachten und auch magische Vorstellungen.

Da war ein Monster. Es ist nicht böse. Und Katie ist die Mutter. Wir brauchen ein Baby. Und einen Papa auch. Das ist Edward. Er hat eine Krawatte um. Ich bin das kleine Mädchen mit dem Umhang. Und sie geht irgendwohin.

Lillys Geschichten verfolgen jetzt einen neuen Zweck: Lilly läßt mit ihren Erzählungen die andere, die reale Welt hinter sich und erfindet neue Rollen für sich, die größere Kontrollmöglichkeiten versprechen. Jetzt ähneln ihre Geschichten dem Spiel, diesem grundlegendsten menschlichen Ausdruck und ebenso natürlich wie Krabbeln, Gehen und Rennen. Ganz ohne Anleitung kommt diese Fähigkeit zur Entfaltung. Niemandem wird beigebracht, wie man geht — oder wie man Phantasien spielerisch ausagiert. Diese Anlagen und den Drang dazu tragen wir in uns.

Kinder achten nicht darauf, wie sie gehen; sie würden stolpern und fallen, wenn sie ihre Bewegungen ständig kontrollierten. Würden sie auch noch bei allen anderen Leuten darauf aufpassen, hätte das sicher wesentlich schlimmere Auswirkungen. Ebensowenig reflektieren Kinder ihre Phantasien; wenn sie

sich in diesem traumähnlichen Zustand mitten in einem Phantasiespiel befinden, sind sie überrascht und verlegen, wenn man auf etwas Bezug nimmt, was man mitgehört hat.
Aber in dem Augenblick, in dem mehrere Kinder ihre Phantasievorstellungen miteinander in Verbindung bringen, zwingt der Gruppeninstinkt sie zu einem bewußteren Vorgehen. Nun bestehen die Kinder auf Verhaltensregeln, fordern von den anderen intensive Konzentration, Nachdenken, Vergleiche, Interpretationen und Selbsteinschätzungen. Die Charaktere müssen überzeugen, die Szenen müssen echt aussehen und authentisch klingen — nur dann werden jene magischen Dimensionen erreicht, welche den Spielenden die notwendigen Informationen liefern und sie schützen.
Die Tatsache, daß alle Kinder es so erleben, macht das Spiel wie auch sein Alter ego, das Geschichtenerzählen und -umsetzen, zu einem universellen Medium des Lernens. Kinder jeden Alters erwarten, daß die Phantasie einen fortlaufenden Dialog erzeugt — sie können den Fluß tatsächlich nicht aufhalten —, und sie tragen schon in sehr frühen Jahren mit einer großen Bandbreite an intellektuellem und emotionalem Wissen dazu bei.
Stellen wir uns einmal vor, wir kommen gerade aus dem Kino oder aus dem Theater. Oft sind wir am einfallsreichsten und redegewandtesten, wenn wir über das sprechen, was wir gerade gesehen haben, auch wenn das Stück oder der Film nur mittelmäßig waren. Die Spiele und Geschichten der Kinder sind nie so, daß die anderen Kinder sie nicht nachvollziehen könnten. Sie befinden sich so im Einklang mit dem, was auch die anderen fühlen und denken, daß nahezu jede Geschichte für sie ein Stück Wahrheit enthält.
Auch »eine Kreide kommt und Papier und eine Schere«? Ja, auch das. Denn für das Kind repräsentieren diese Schreibwerkzeuge am deutlichsten, was ein Erwachsener von ihm im Klas-

senzimmer erwartet. So lehrt uns das Kind die Bedeutung unserer Symbole und Rituale, erläutert uns ihren Sinn, indem es so tut, als wären sie etwas anderes.

Die Riten und Bilder der Kinder befassen sich anscheinend hauptsächlich mit dem Nutzen von Freundschaft und Phantasie, um der Angst und der Einsamkeit zu entrinnen und eine positive Beziehung zu Menschen und Ereignissen herzustellen. Im Spiel sagt ein Kind: »Ich *kann* das tun; ich *bin* nützlich; ich *verstehe*, was mit mir und den anderen Kindern hier passiert.«

Wenn es eine Geschichte erzählt, sagt das Kind: »So interpretiere ich das, was in meinem Kopf vorgeht, und setze es bildlich um.« Am Tag, nachdem seine kleine Schwester geboren wurde, erzählt Joseph einmal nicht seine üblichen Batman- und Schlangengeschichten, sondern konfrontiert uns mit einer ganz anderen Art von Geschichte.

Es war einmal ein Wald. Und dann kam da ein Mann. Und der Mann hatte eine Frau. Und da war ein Baby. Und das Baby hatte ein Gewehr. Und als das Baby groß war, ist es mit dem Vater jagen gegangen.

Aus welchen Quellen entstehen solche Geschichten? Man kann sich mögliche Bedeutungen vorstellen: Der Wald steht für das Unbekannte; daß er Mutter und Vater »Mann und Frau« nennt, zeigt Josephs Gefühl der Entfremdung; die Tatsache, daß das Baby ein Gewehr hat — Babys haben niemals Gewehre —, sorgt dafür, daß es von der Mutter getrennt ist. Es gibt keine Gewißheit und keine endgültigen Antworten. Joseph hat sich eine Geschichte ausgedacht, in der seine Verwirrung Platz findet. Nachdem er seine Geschichte erzählt und ausagiert hat, weiß er nun etwas, was er vorher nicht wußte, und er wird sein neues Wissen einsetzen, wenn es für ihn notwendig wird.

Für mich stellen sich folgende Fragen: Wie können die Prioritäten jedes einzelnen Tages und seine jeweiligen Besonderheiten dazu genutzt werden, eine Umgebung zu schaffen, in der Kinder uns erzählen, was sie denken? Und was geschieht mit denen, die Außenseiter bleiben?

Jason gehört zu diesen Kindern. Er spricht nur von Hubschraubern und kaputten Propellern, und er wirkt gegenüber den Spielen und Geschichten um ihn herum gleichgültig und unerreichbar. Er hat seine eigenen Lernmuster, und bisher scheinen sie sich von denen der anderen zu unterscheiden.

Dies macht Jason zu einem wertvollen Mitglied der Gruppe und zu einer wichtigen Persönlichkeit in einem Pädagogiklehrbuch für denjenigen, der sich mit Unterrichten nicht nur abstrakt befaßt. Ein Unterrichtsstil wird immer am besten von denjenigen beleuchtet, die sich nicht den Erwartungen des Lehrers gemäß verhalten. Diese Kinder verbreiten im Klassenzimmer das hellste Licht, und in dem Jahr, in dem Jason die Fackel trägt, befestigt er sie entschlossen im Innern seiner Hubschraubergarage. Er zeigt deutlich, was in ihm vorgeht, doch wie soll ich seine Entwicklung angemessen beschreiben?

Immer wieder schnappt Jason Wörter und Begriffe von den Kindern auf, die sich Zugang zu seiner abgeschlossenen Welt verschafft haben. Ich notiere mir diese neuen Ausdrücke jedesmal, und wahrscheinlich kann man an dieser Liste ablesen, welche Fortschritte Jason macht. Doch warum überrascht mich diese Entdeckung? Habe ich nicht immer wieder gesagt und geschrieben, daß genau das passiert?

Ich habe häufig darüber geredet, aber offensichtlich habe ich den Prozeß entweder nicht ganz verstanden oder nicht wirklich an ihn geglaubt, bis Jason kam und mir zeigte, wie die Sache funktioniert, wenn sie nicht zu funktionieren scheint. Während ich lerne, dem zuzuhören, was er uns über seinen Hubschrauber erzählt, beginne ich aufs neue zu begreifen, daß wir bei diesem wechselseitigen Wagnis nur dann Fortschritte machen, wenn wir die spezifische Bilderwelt jedes einzelnen Kindes gelten lassen. Alles andere bleibt an der Oberfläche; wir werden uns nicht wirklich begegnen.

Bevor ich Jasons Geschichte erzähle, gibt es noch einiges über mich zu sagen. Denn die Lehrer sind ein Teil der Gemeinschaft der Geschichtenerzähler; die Kinder zeigen uns, daß jede Geschichte im Klassenzimmer alle anderen beeinflußt und deshalb erzählt werden muß.

Lehrerin und Theorieschaffende

Ich war weder eine gute Zuhörerin noch eine begabte Geschichtenerzählerin, als ich meine Laufbahn als Lehrerin einschlug. Was ich als Kind zweifellos gekonnt hatte, war verschüttet unter einem Wust von unzusammenhängendem Wissen. Ich war ein Fremdkörper im Klassenzimmer — ich hatte mich von der Art, wie Kinder denken, wegentwickelt.
Ich kannte mich selbst nicht besser, als ich die Kinder kannte. Wie sollte ich mich verhalten? Wie konnte ich wissen, was ich zu den vielen Kindern sagen sollte, wenn ich mich doch kaum an etwas erinnern konnte, was ein Lehrer früher zu mir gesagt hatte? Als sich meine Aufmerksamkeit von mir auf die Kinder verlagerte — was heißt es, ein Kind zu sein, und woran denken Kinder, wenn sie in der Schule sind? —, begann ich paradoxerweise auch meine eigene Rolle klarer zu sehen.
Ein Student namens Fritz half mir, den Kindern genauer zuzuhören. Sein Ziel war es herauszufinden, wieweit die Beobachtungen und Einschätzungen von Lehrern zutreffend waren, und er zeigte mir unter anderem, daß ein bestimmter kleiner Junge namens Charles keineswegs ein als Fünfjähriger verkleideter Schwerverbrecher war.

»Charles, du nimmst ja den ganzen Sand!« rufe ich und eile dem Jungen zu Hilfe, mit dem Charles gerade spielt.
»Das macht ihm nichts aus. Und ich brauche ihn.«
»Aber der Haufen ist auf Tommys Seite. Du hast ihn gar nicht gefragt.«
»Er weiß doch, da muß das Schloß hin.«
Immer wieder beklagte ich mich, Charles sei der größte Störenfried, aber Fritz hatte Listen und Tabellen angelegt, und die

zeigten etwas ganz anderes. Bei achtzig Prozent der nichtaggressiven Spiele übernahm Charles eine führende Rolle. Offenbar war *ich* der Störenfried: Fünfundsiebzig Prozent meiner Reaktionen auf Charles waren negativ.

Das überraschte Fritz nicht weiter. Er führte täglich Buch darüber, wie oft Charles meiner Meinung nach störte, und verglich diese Einschätzung mit der Wirklichkeit. Fritz war es gewohnt, daß bei solchen Vergleichen große Divergenzen auftraten, aber ich war fassungslos. Fritz zeigte mir, wie ich mit Hilfe solcher Tabellen mein eigenes Verhalten korrigieren konnte; das angestrebte Ziel war, daß ich in fünfundachtzig Prozent der Fälle positiv reagierte. Gehorsam schaute ich also immer wieder auf die Uhr, sagte nette Sachen zu Charles und trug alles in die Listen ein.

Ich führte diese Tabelle nur eine Woche lang, aber die Mühe lohnte sich. Wie bei fast allen Forschungsprojekten, die ich kennengelernt habe, regte mich auch dieses Experiment dazu an, genauer darauf zu achten, was um mich herum vor sich ging. Ich hörte Charles aufmerksamer zu, um ihn loben zu können, und dabei entdeckte ich, warum ihn seine Spielkameraden so schätzten. Er lieferte ihnen einen unerschöpflichen Schatz an Phantasiefiguren und Spielideen.

»He, Tom, willst du Schloß spielen? Das ist die Zugbrücke.«
»Ich hab' den Schlüssel dafür.«
»Nein, damals gab's keine Schlüssel. Du kannst ihn dahin tun, das ist der einzige Platz, wo Schlüssel hindürfen. Leg ihn hierher. Das ist ein Kampfraumschiff. Es ist so stark, daß es töten kann. Mach schnell, zieh die Zugbrücke hoch. Die unsichtbaren Bienen sind da. Schnell, hol deinen Zauberschlüssel. Das wär' ein Zauberschlüssel. Faß ihn an, dann verwandeln wir uns in Drachen.«

Ich merkte immer deutlicher, mit welchen Widerständen ich

an meine Arbeit heranging. Wenn ich meine Haltung mit dem Eifer verglich, den die Kinder an den Tag legten, drängte sich mir allmählich die Frage auf, was die Kinder mir wohl voraushatten. Und da *ich* es nun war, die diese Überlegungen anstellte — und nicht Fritz —, bekam die Sache gleich ganz andere Dimensionen. Ich mußte erst einmal so weit kommen, daß ich meine eigenen Fragen stellte und selbst beobachtete, was tatsächlich vor sich ging; ich mußte meine eigenen Methoden entwickeln, um dies alles in meinen Unterricht einzubringen — vorher hatte ich im Grunde noch gar nichts begriffen.

Tabellen liegen mir nicht; das war schon so, als ich noch zur Schule ging, ich hatte es nur vergessen. Und nicht einmal Piaget — dessen Experimente ich drei Jahre lang nachahmte und dessen Äußerungen über Kinder mir immer sehr klug und richtig vorkamen —, nicht einmal Piaget konnte mir Hilfestellung für meine nächsten Schritte leisten oder mich auf Diskussionen wie die folgende vorbereiten.

»Wir müssen übers Aufräumen reden«, verkünde ich eines Tages, als sich alle Kinder um mich herum auf dem Teppich versammelt haben. »Ich habe da ein Problem. Es gibt zu viele Kinder, die nicht mithelfen. Manche von euch gehen einfach ins Bücherzimmer, statt mit anzupacken.«

»Du könntest eine Falltür bauen«, meint Joseph.

»Ich meine es ernst, Joseph. Wir reden jetzt nicht von Falltüren. Ich rede von den Kindern, die beim Aufräumen nicht mithelfen.«

»Schließ sie ein«, schlägt Samantha vor. »Dann sind sie eingesperrt.«

»Eine Falltür ist besser«, beharrt Joseph. »Also, wenn sie da drüben sind, und es wird aufgeräumt, dann geht die Falltür auf, und sie fallen rein und sind gefangen.«

»Aber vielleicht tut sich jemand weh«, wende ich ein.
»Ich finde, Joseph hat recht«, ruft Simon. »Dann fallen sie nämlich dahin, wo aufgeräumt werden muß.«
»Genau, eine Falltür ist toll«, pflichtet ihm Alex bei. »Mit einer Rutsche, damit sie sich nicht weh tun. Dann rutschen sie einfach an die richtige Stelle.«
»Aber wenn sie dabei auf den Rücken fallen? Ich finde, einschließen ist besser«, sagt Arlene.
»Ja, und ich würde dann den Schlüssel finden.«
Die Diskussion ist mir davongelaufen. Wenn erst einmal eine magische Lösung im Raum steht, ist es unmöglich, die Kinder wieder zurückzuholen. Aber ich versuche es trotzdem. »Ich finde die Idee mit der Falltür nicht so gut. Wir sollten uns doch lieber ein paar neue Regeln einfallen lassen.«
»Stell eine Wache auf«, meint Simon.
»Mit einer Pistole!«
»Aber geschossen wird nicht, stimmt's?« Samantha will vernünftig sein. »Also gut, dann machen wir doch eine Falltür«, schließt sie.
Josephs Falltür läßt uns nicht mehr los, und mein Konzept von Wirklichkeit wird überrollt von dem Wunsch der Kinder, das Problem in einem Phantasiekontext zu lösen. Sie tun nicht so, als wären sie Geschichtenerzähler; sie *sind* Geschichtenerzähler. Das ist ihre intuitive Methode, mit allen Situationen fertig zu werden: Es ist ihre Art zu denken.
Eine Weile läuft es tatsächlich besser beim Aufräumen; nach einem guten Gespräch sind alle lockerer und hilfsbereiter. Es macht den Kindern einfach mehr Spaß, sich bewaffnete Aufpasser und Falltüren auszudenken, als einleuchtende Gründe für unser ewiges Aufräumen zu finden. *Es läßt sich eine bessere Geschichte daraus machen.*

Wir alle kennen die These, daß Spielen für Kinder Arbeit ist. Aber dadurch, daß ich die Kinder beobachtete und ihnen zuhörte, begriff ich, daß Spiel für sie viel mehr ist: Spiel ist Wahrheit, Spiel ist Leben.
Bisher hatte ich Spiel eher oberflächlich akzeptiert, aber nun ging ich dazu über, seinen Inhalt ernsthaft zu analysieren. Ich beleuchtete das Thema immer von zwei Seiten: in der Unterrichtspraxis und in der schriftlichen Aufbereitung. Ich kann das eine nicht ohne das andere tun. Der Kassettenrecorder ist für mich unentbehrlich. Jeden Tag transkribiere ich die Spiele, die Geschichten und die Gespräche, und dann denke ich mir über das, was geschehen ist, meine eigenen Geschichten aus. Am nächsten Morgen wird dann meine Wahrnehmung der Realität mit der Realität verglichen, wie die Kinder sie erlebt haben.
Wie beim Spiel selbst gilt auch hier, daß der Prozeß nie abgeschlossen ist. In jedem Jahr erfinden die Kinder neue Bilder und Symbole, und ich erweitere permanent mein Verständnis und meine Definitionen dessen, was wir im Klassenzimmer tun.
Es gab eine Zeit, da glaubte ich, es sei meine Aufgabe, den Kindern zu zeigen, wie sie ihre Probleme lösen sollen. Ich schrieb damals: Ich verlange nicht von euch, daß ihr nicht mehr ans Spielen denkt. Unsere Abmachung sieht eher so aus: Wenn ihr weiterhin versucht, euch verständlich zu machen, dann werde ich euch weiterhin zeigen, wie ihr über die Probleme, die ihr lösen müßt, nachdenken sollt.
Nach ein paar Jahren formulierte ich unsere Abmachung ganz anders: Laßt mich euer Spiel beobachten und herausfinden, wie ihr im *Spiel* eure Probleme löst. Das Spiel enthält eure Fragen, und ich muß erst wissen, welche Fragen *ihr* stellt, bevor die meinen sinnvoll sind.
Aber selbst das trifft noch nicht ganz ins Schwarze. Heute würde ich hinzufügen: Betrachtet euer Spiel als eine Erzäh-

lung, bei der jede Einzelheit so dargestellt werden muß, daß sie genau stimmt, und ich werde euch und euren Spielkameraden helfen, einander zuzuhören. Auf diese Art schafft ihr Geschichten aus Bildern und Themen, aus Anfang und Ende, aus Beziehungen und Anspielungen. Ihr müßt eine eigene Literatur erarbeiten, wenn ihr eure eigenen Ideen mit den Ideen anderer verbinden wollt.

Die dreijährige Vinnie schmust mit ihrem Teddy und hält ihn dabei verkehrt herum. Sie erzählt ihre erste Geschichte:

Es war einmal ein Bär, der hat auf dem Kopf gestanden.

Ihre ganze Geschichte besteht nur aus einem Satz. Aber wenn sie gespielt wird, übernimmt Vinnie eine wichtige Rolle. Sie hat zur Literatur und Kultur einer bisher unbekannten Gruppe von Kindern beigetragen. Jetzt kennt man Vinnie hier, und bald wird sie die anderen durch deren Geschichten kennenlernen: durch die Geschichten, die im Spiel zum Ausdruck kommen, und durch die, welche auf Papier festgehalten werden.
Die Geschichten sind Literatur; das Spiel ist Leben. Von Anfang an führten alle Wege zum Rollenspiel, aber meine Landkarten taugten nichts. Ich quälte mich ab und stellte komplizierte Überlegungen an, während die Kinder Lösungen für ihre unmittelbaren Probleme und ihre fernen Ängste *spielten.*
Als Sylvia, ein »Problemkind«, das vor längerer Zeit in meiner Gruppe war, im Spielhaus herumtobte und schrie und dann auch noch das Geschirr auf den Boden schmiß, da befürchtete ich, sie würde das Spiel der anderen Mädchen behindern. Aber die Mädchen zwangen sie, ihr Verhalten zu ändern, und man

bekam fast den Eindruck, als sei das Rollenspiel eine primitive Form der Verhaltensmodifikation, mit dem Zweck, das störende Benehmen eines Spielkameraden abzustellen.
Sehr bald jedoch wurde mir klar, daß ich mich irrte. Ich war die einzige, die dieses Mädchen als Störenfried empfand. Für die Kinder übernahm Sylvia lediglich eine der vielen Rollen, die in einer Familienszene zur Verfügung stehen.
Sie störte das Spiel keineswegs. Wenn nicht Sylvia das »böse Baby« gewesen wäre, dann hätte ein anderes Kind diesen Part übernommen. Das »böse Baby« gehört genau wie die »wütende Mutter« und die »gemeine Schwester« zum Grundrepertoire im spontanen Theater der Kinder.
Nachdem ich einmal angefangen hatte, Kinder als Geschichtenerzähler und Stückeschreiber zu sehen, wurden meine Erwartungen, was die Möglichkeiten des Phantasiespiels als Lernmittel anging, bei weitem übertroffen.
Somit gibt die Wirklichkeit des Klassenzimmers der Forschung eine neue Orientierung. Gleichgültig, was ich sonst noch beobachte und festhalte — die Kinder führen mich zu umfassenderen Themen und vermitteln mir intensivere Einblicke in ihre Welt. Das wäre nicht anders, wenn ich die Entwicklung der Lese- oder Rechenfähigkeiten der Kinder verfolgen würde, aber wenn es um Phantasie geht — was übrigens auch beim Lesen und Rechnen der Fall sein könnte —, dann sind die Verbindungen komplexer und subtiler.
Phantasie ist ein endloses Thema und entzieht sich jeder Kategorisierung. Setzen wir uns nicht auch als Erwachsene permanent mit unseren Phantasievorstellungen auseinander? Die Phantasie ist meine liebste Lehrerin, und sie hat mich auch dazu gebracht, alles, was im Klassenzimmer geschieht, genauestens zu erforschen — in der Hoffnung, das Zauberwort zu finden, das die Welt zum Singen bringt.

Ich träume davon, zu begreifen, was wirklich in den Kindern vor sich geht. Und dieser Traum hat mich dazu gebracht, alles Nebensächliche beiseite zu schieben, mich statt dessen ganz auf die Wirklichkeit zu konzentrieren und den Kindern zuzuhören. Ihre Phantasien konfrontierten mich mit immer größeren Überraschungen und gaben mir die seltsamsten Rätsel auf; ich wünschte mir sehnlichst, neue Methoden entwickeln zu können, um das, was ich sah und hörte, festzuhalten. Ich mußte unbedingt herausfinden, welche Rolle das alles im Unterrichtsgeschehen spielte.

Von der Phantasie kann man durchaus Antwort auf diese Fragen erwarten. Die Kinder tun das Tag für Tag, sie brauchen dazu nicht einmal die Unterstützung eines Kassettenrecorders, und das nennen wir Spiel. Sie setzen die Wörter und Bilder um, die sich in ihren Köpfen tummeln; sie bringen sie ans Tageslicht und stellen sie dar. Sie sind alles gleichzeitig: Schauspieler, Autor, Kritiker, Linguist, Mathematiker und Philosoph. Und sie sind nicht auf uns angewiesen, sie wissen von ganz allein, wie man das macht.

Ich jedoch bin auf die Kinder angewiesen: Sie müssen mir zeigen, was Phantasie eigentlich leisten kann — und fast alles, worüber ich nachdenken und schreiben will, ergibt mehr Sinn, wenn ich es in eine Geschichte verwandle. Schon allein deswegen, weil die Geschichtenerzähler, denen ich jetzt zuhöre, gerade erst am Anfang ihrer Schullaufbahn stehen.

Sie nehmen nichts als selbstverständlich hin; alles wird irgendwann in die Form einer Geschichte gebracht. Nach mehr als dreißig Jahren Lehrtätigkeit muß ich immer noch aufmerksam zuhören, um zu verstehen, welche komplexen Ideen im Spiel erörtert werden. Kein Thema ist so verzwickt, daß man es nicht mit den Kräften der Phantasie entwirren könnte.

Kate, Simon, Alex und Arlene spielen »Wasserbett«. Schon

eine ganze Weile höre ich sie miauen — sie sind vier Katzen in einem Raumschiff —, aber als ich die Ohren spitze, merke ich, daß es eigentlich um ein Wasserbett geht.
»Wo schlafe ich?« fragt Simon.
»Im Wasserbett, weil du der Papa bist.«
»Das Wasser hat sich in ein Bett verwandelt?«
»Dreh das Bett um, damit es nicht quietscht.«
»Und ausläuft.«
»Miau! Das Wasser kommt raus!«
»Hilfe, Hilfe! Wir können nicht schwimmen. Ein Monster!«
»Es ist im Wasser.«
»Das Bett ist im Wasserbett!«
»Da sind die Rettungsboote, springt in die Rettungsboote.«
Später erzählt Simon folgende Geschichte:

Es war einmal ein kleines Eichhörnchen. Und seine Mutter sagte: »Schlaf in einem Wasserbett.« Das hat das Eichhörnchen auch gemacht. Und dann ist es darin ertrunken. Und dann ist es nicht ertrunken, weil das Wasser rauskam, und das Eichhörnchen ist auch rausgekommen. Die Mutter hat gesagt, es soll nach Hause schwimmen. Aber es konnte nicht schwimmen.

»Wie kommt das kleine Eichhörnchen nach Hause, Simon?« frage ich. »Es kann ja nicht schwimmen.«
»Es war ja kein Ozean. Es war nur ein Fluß. Da ist es nach Hause gelaufen.«
Das Spiel, die Geschichten und die Gespräche befruchten sich gegenseitig, nehmen immer stärker logische Gestalt an und gewinnen soziale Wirksamkeit. Es ist alles da — die ganze ursprüngliche intellektuelle und emotionale Energie — ein Garten, der nur darauf wartet, endlich aufzublühen.

Heute hat Joseph eine Spielzeugschlange in die Schule mitgebracht. »Schreib mich auf die Geschichtenliste«, sagt er anstelle einer Begrüßung. »In meiner Geschichte kommt eine Schlange vor.«
Josephs Wunsch ist nicht ungewöhnlich. Die Liste, die er anspricht, ist mit Klebeband auf dem großen runden Tisch befestigt, den wir als Geschichtentisch bezeichnen, obwohl er aussieht wie jeder andere Tisch auch: voll mit Stiften, Papier, Scheren und Kleister. Hier sitzen die Geschichtenerzähler, Bildermacher und Papierschneider, sehen zu, hören zu und lassen ihre Stimme erschallen wie die Charaktere in einer Commedia dell'arte. Fast jeder hat dem Geschichtenerzähler etwas zu sagen.
Der Effekt ist übrigens ein völlig anderer, wenn das Kind dem Lehrer seine Geschichte an einem Tisch in irgendeiner stillen Ecke oder im Flur diktiert. Unsere Art des Geschichtenerzählens ist ein soziales Ereignis, darauf ausgerichtet, in alle anderen Aktivitäten einzufließen und sehr viel Raum für allgemeine Reaktionen zu lassen. Geschichten sind keine Privatangelegenheit; die individuelle Phantasie nimmt Anregungen aus der Umgebung auf und löst Ideenwellen aus, welche die Zuhörer einbeziehen.
Meine Funktion bei diesem Prozeß ist von Anfang an klar definiert: Erstens ermögliche ich es anderen, den Geschichtenerzähler zu hören, indem ich beim Niederschreiben jeden Satz wiederhole. Das gibt dem Erzähler außerdem Gelegenheit, mich zu korrigieren, falls ich einen Fehler mache, oder den Inhalt der Geschichte abzuwandeln, wenn ihm eine neue Idee in den Sinn kommt.
»Da ist nicht nur eine Hexe. Da müssen zwei Hexen sein«, sagt mir Arlene.
»Und wieviel Katzen sind es? Du hast gesagt: ›Kommt die Katze.‹«

»Katie ist eine Katze, und Lilly ist die Mutterkatze. Das sind zwei Katzen. Da muß eine Mutter sein, deshalb.«
»Wegen der Hexen? Muß es eine Mutter geben, weil die Hexen vorkommen?«
»Ja.«
Ich frage immer nach, wenn in der Geschichte etwas vorkommt, was ich vielleicht nicht richtig verstanden habe — jedes Wort, jeden Ausdruck, jeden Klangeffekt, jede Figur und jede Handlung, die mir nicht ohne weiteres einleuchten, lasse ich mir erklären. Das Kind weiß, daß die Geschichte gleich gespielt wird und daß die Schauspieler genaue Regieanweisungen brauchen. Die Geschichte muß für alle nachvollziehbar sein: für die Schauspieler, für das Publikum und für den Erzähler.
»Uuuuh! Sie sind in die Falle gegangen!«
»Wer? Die Hexen?«
»Nein, der Böse ist in der Falle.«
»Also ist da noch ein Böser außer den Hexen?«
»Das sind gute Hexen.« Arlene beschließt, auf Nummer Sicher zu gehen.

Bei kaum einer anderen Aktivität im Klassenzimmer liegen meine Intentionen so sehr auf einer Linie mit denen der Kinder wie beim Geschichtenerzählen. Alle wollen wir über die Geschichte sprechen, und das macht meine dritte Funktion, nämlich die, Verbindungen herzustellen, erst wirklich glaubwürdig. Im Lauf des Tages verweise ich immer wieder auf Ähnlichkeiten, die zwischen der Geschichte des Kindes und anderen Geschichten bestehen, und erinnere an Bücher und Ereignisse aus seinem Erfahrungsbereich. Solange die Geschichte diktiert wird, bleibe ich allerdings streng beim Thema, denn ich möchte den Verlauf der Erzählung nicht ungebührlich beeinflussen. Die Kinder selbst kennen keine solchen Skrupel; sie haben durchaus die Absicht, sich gegenseitig zu beeinflussen.

Katie steht heute als erste auf der Liste. »In meiner Geschichte kommt auch eine Schlange vor«, sagt sie zu Joseph, obwohl sie uns gerade noch mitgeteilt hat, in ihrer Geschichte gehe es um einen roten Stift. »Ein roter Stift kommt«, hatte sie angefangen, aber jetzt will sie Josephs Aufmerksamkeit auf sich und ihre Geschichte lenken.

»Es war einmal eine Schlange«, beginnt sie. Joseph und Simon setzen sich zu uns an den Tisch, um zuzuhören. »Und dann kommt ein Löwe, und sie werden von dem Löwen verjagt.«

»Wer sind ›sie‹?« frage ich nach.

»Ja, wer sind sie?« wiederholt Simon. Meine Gewohnheit, dem Geschichtenerzähler Fragen zu stellen, wird von den Kindern oft nachgeahmt. Aber eigentlich brauchen meine Schüler dafür gar kein Vorbild. Es gehört für sie zum Spielen, sich immer wieder gegenseitig etwas zu fragen, und ich mache einfach das gleiche wie sie. Im Grunde habe ich von *ihnen* gelernt, wie man Fragen stellt. Sie haken zum Beispiel nur ganz selten nach, wenn sie die Antwort schon wissen.

»Ist noch jemand in der Geschichte außer der Schlange, Katie?«

»Das Krokodil!« Sie ist überrascht. Habe ich etwa vergessen, daß Simon neulich in der Geschichte von Joseph ein Krokodil war?

»Aber kein böses Krokodil«, bittet Simon.

»Nein, es ist nicht böse.«

Beim Geschichtenerzählen gilt, ähnlich wie beim Spiel, daß die soziale Interaktionsform, die wir als »Unterbrechen« bezeichnen, die Handlung in der Regel verbessert. Aber ich kann mich noch gut an die Zeit erinnern, als ich immer gesagt habe: »Bitte, unterbrecht die andern nicht. Jeder soll seine eigene Ge-

schichte erzählen.« Damals hatte ich den zentralen Punkt beim Geschichtenerzählen noch nicht begriffen: Mir war nicht klar, daß es ein gemeinsamer Prozeß ist, eine ganz ursprüngliche kulturelle Institution, *die soziale Kunst der Sprache.*
Katie fährt fort: »Und dann kam die Mutter.« In Katies Geschichten taucht immer eine Mutter auf. Das ist ihr Hauptthema, alles übrige ist für die Bühne gedacht und eine Form der Kontaktaufnahme. »Ich bin die Mutter«, sagt sie. »Ich bin schon groß, und ich habe den Löwen mit einem roten Stift verjagelt.«
»Du hast den Löwen *verjagt?*« biete ich als Korrektur an.
»Ver-ja-gelt«, beharrt sie und marschiert in die Puppenecke, bevor ich nachfragen kann, warum der Löwe Angst hat vor einem roten Stift.
Vielleicht werde ich das später herausfinden, wenn wir die Geschichte spielen. Solche Fragen mag ich am liebsten, weil man überhaupt nicht voraussagen kann, wie die Antwort lauten wird. Manchmal überlege ich mir, ob die Kinder sich vielleicht absichtlich solche abstrusen Dinge ausdenken, weil sie wissen, daß es mir Spaß macht, gute Fragen zu finden. Aber selbst wenn das stimmen sollte, wäre es ein Zeichen dafür, daß die Kinder sich freuen, wenn ihnen andere mit echter Neugier begegnen. Wenn das Publikum mitgeht und interessierte Fragen stellt, weil es mehr Informationen haben möchte, fühlen sich die Geschichtenerzähler vermutlich dazu inspiriert, Überraschungseffekte in ihre Geschichten einzubauen. Zwangsläufig lernen die Kinder so die logischen Implikationen einer unerwarteten Lösung. Es ist eine gute Übung für die lebenslängliche Auseinandersetzung mit dem Problem von Ursache und Wirkung.
Joseph drückt Simon seine Schlange in die Hand. »Ich muß jetzt meine Geschichte erzählen. Mach der Schlange ein gro-

ßes Haus mit einer Eingangstür und einer Hintertür, damit sie sich verstecken kann.«
Nun erleben wir, wie zwei Geschichten parallel entstehen: Josephs Geschichte am Geschichtentisch und Simons Geschichte mit den Bauklötzen. Heute gibt es verschiedene Interpretationen von Schlange und Krokodil; das Thema liegt in der Luft. Und die schriftlichen Versionen werden ihrerseits dann wieder ausgeschmückt und abgeändert, wenn sie gespielt werden.
Vor langer Zeit schon habe ich entdeckt, daß das diktierte Segment nur einen Bruchteil der Gesamtgeschichte ausmacht. Nachdem wir ihre Geschichte durchgespielt haben, fügt Katie hinzu: »Und dann weint das Baby.«
»Das Baby?«
»Man hat es nicht gesehen, weil es so klein ist.«
Katies Geschichte ist ein lebendiger Prozeß, der sich immer weiter entwickelt, beeinflußt von dem, was um sie herum und in ihrem Inneren vor sich geht. Joseph legt seine Schlange auf den Tisch, und diese Schlange wird zu einem Bestandteil ihrer Geschichte; der rote Stift, mit dem sie gedankenabwesend Regenbogen malt, wird eingesetzt, um den Löwen zu verjagen; wenn Arlene im Geschichtenzimmer neben ihr sitzt, taucht eine kleine Schwester in ihrer Geschichte auf. Nein, das hat sich geändert: Arlene akzeptiert keine *kleinen* Rollen mehr. Sie ist jetzt eine große Schwester, ein Teenager oder die Mutter.
Wenn Geschichtenerzählen zum Stückeschreiben wird, sind Kinder für die Vorlieben und Wünsche anderer sogar noch empfänglicher. Joseph, der nun schon im zweiten Jahr Geschichten erzählt, berät sich oft mit seinen Darstellern, während er eine Geschichte entwickelt.

Einmal hat die Schlange geschlafen, und da hört sie Lärm, bummbummbumm, und das ist ihr Freund, das Krokodil. Das ist Simon. Und dann ist da so ein Geräusch, dingdongding. Findest du das gut, Simon? Und dann sagt die Schlange zum Krokodil: »Ich will etwas essen.« Und das Krokodil sagt: »Komm doch zu mir nach Hause.« Dann kommt die Mutterschlange. Katie, du bist die Mutterschlange. Und sie hat sechs kleine Kinder. Und dann kommt der Löwe, und der Löwe versucht, in den Traum reinzukommen, aber das schafft er nicht. Da geht er wieder weg.

»Wie versucht denn der Löwe, in den Traum hineinzukommen?« frage ich.
»Er macht grrrr, und er tritt mit den Füßen auf die weiße Stelle.«
»Kann ihn die Schlange hören?«
»Nein, die schläft ganz fest.«
Träume sind ein Motiv, das häufig verwendet wird, und wenn in einer Geschichte ein Traum vorkommt, eröffnen sich der neugierigen Lehrerin endlose Möglichkeiten, Fragen zu stellen.
»Weißt du noch, wie wir darüber geredet haben, daß der Löwe versucht, in den Traum zu kommen?« frage ich Joseph, als wir die Geschichte spielen. Natürlich erinnert er sich, Kinder erinnern sich an jedes Detail, das mit ihren Geschichten und mit ihrem Spiel zu tun hat. Joseph gibt seine Erklärung wortwörtlich wieder. Ich brauche einen Kassettenrecorder, um mir alles richtig merken zu können — er nicht!
Alex hat sofort einen Vorschlag für Joseph. »Der Löwe wäre in den Traum gekommen, und dann sieht er die vielen Schlangen, und da macht er hu-u-u-uh und läuft weg.« Alex, der den Löwen spielt, hat seine eigene Rolle ausgebaut, wie er es auch

beim Spielen tun würde. Intuitiv erfassen die Kinder, daß die Geschichten in die gleiche Kategorie gehören wie das Spiel — offene Drehbücher, die durch spontane Improvisation immer besser werden.
Geschichten, die nicht gespielt werden, sind wie flüchtige Träume: private Phantasien, unverbunden und nicht überprüft. Wenn ich unter Zeitdruck stehe und versucht bin, den Prozeß abzukürzen, indem ich die Geschichten nur laut vorlese und die dramatische Umsetzung überspringe, erheben die Kinder Einspruch.
Sie sagen: »Aber wir haben die Geschichte noch nicht fertig!« Es ist die gleiche Klage, die zu hören ist, wenn die Glocke zum Aufräumen ertönt. »Wir haben noch gar nicht in dem Raumschiff gespielt. Wir haben es gerade erst gebaut!« Wenn die Geschichte nicht aufgeführt wird, kann auch nicht in ihr gespielt werden; sie bleibt ein leeres Gerüst. Der Prozeß ist noch nicht abgeschlossen.

Kinder haben großen Spaß daran, Märchen oder Geschichten aus Büchern spielerisch auszuagieren, aber sie ärgern sich auch nicht, wenn die Zeit nur ausreicht, um sie vorzulesen. Die Geschichten zu spielen ist zwar besser, doch meistens genügt es, sie zu lesen. Ihren eigenen Geschichten gegenüber empfinden die Kinder ganz anders. Wenn sie sie erst einmal als Theaterstück gesehen haben, geben sie sich nicht mehr mit Halbheiten zufrieden.
Außerdem ist das, was beim Spielen und in den Geschichten passiert, aus der Sicht des Lehrenden die wichtigste Thematik für die Kinder, das, was sie am eifrigsten diskutieren und auch auf andere Bereiche übertragen.
»Ich denke immer noch an den Löwen und den Traum«, sage ich zu Joseph in der Frühstückspause. »Du hast gesagt, der

Löwe konnte nicht in den Traum hineinkommen, weil die Schlangen geschlafen haben.«
»Ja, weißt du, wenn man weiterschläft, dann ist die Tür zu.«
»Die Tür zum Schlaf?«
»Beide Türen, stimmt's, Joseph?« schaltet sich Simon ein. »Vorne und hinten, stimmt's?«
»Ja. Aber Joseph, hör mal«, meint Alex aufgeregt, »manchmal kommt so ein Böser doch rein, ein Drache mit so 'ner dunklen Seite, weil er da läuft, wo kein Teppich mehr ist.«
»Hört man dann die Schritte?« frage ich. »Weil da kein Teppich ist?«
»Ja, wie bei uns in der Küche. Ich höre Dinosaurier, so Dinosaurierschritte, die sind ganz groß und laut.« Alle hören Alex aufmerksam zu.
»Du kannst ja eine Falltür bauen«, schlägt Joseph vor. »Dann fällt er, wumm, durch das Loch runter in den Kerker.«
»Sag mal, Joseph, meinst du, Katies roter Stift könnte dem Löwen im Traum Angst einjagen?« erkundige ich mich.
»Nee. Der ist nicht für Träume.« Damit meint er wahrscheinlich: Träume können nicht durch den Zauber anderer Leute beeinflußt werden. »Aber man könnte ihn für eine Geschichte nehmen«, fügt er großzügig hinzu.
Das sind Gespräche, deren Ende offenbleibt. Weil die Kinder die Voraussetzungen erfinden, können sie die logischen Konsequenzen ihrer Aussagen immer weiter vorantreiben. Sie erörtern Fragen wie: Was passiert in einem Traum? Welche Art von Zauber beschützt ein träumendes Kind? Bei einer *Geschichte* kann man sich einen anderen Schluß vorstellen — heißt das, daß man eine Geschichte mehr unter Kontrolle hat als einen Traum? Aber wenn man eine Geschichte *über* einen Traum erzählt, welche Art von Kontrolle gilt dann?
Das sind ernste und spannende Themen, die hier in der Ge-

schichtenwelt des Klassenzimmers angesprochen werden, aber Jason ist noch nicht neugierig genug, um zuzuhören. Er ist völlig auf seinen Hubschrauber fixiert. »Der Propeller dreht sich immer schneller, immer schneller, nein! Jetzt ist der Hubschrauber kaputt, ganz kaputt, ich muß ihn reparieren!«

Jasons Geschichte

Wir beobachten Jason, der hinter den von ihm aufgestellten Bauklötzen kauert, die er als Flughafen bezeichnet. Die Kinder kennen seine Monologe schon auswendig. »Der Propeller dreht sich, schneller, noch schneller, gleich stürzt du ab, jetzt hebst du vom Boden ab, höher, immer höher, ganz laut, brummbrumm, du setzt zur Landung an, pschschsch, okay, sicher gelandet.«
Die Kinder sind neugierig geworden und wollen mehr über diesen dunkelhaarigen Jungen und seinen Hubschrauber wissen, obwohl er nicht mit ihnen spielt und ihnen auch keine Antwort auf ihre Fragen gibt. Doch sie sind ihm geradezu verfallen; sie bewundern starke Gefühle, die ohne Scheu in eigenwilligen Formen und Klängen dargestellt werden.
»Wir fliegen über O'Hare«, sagt Jason zu seinem Hubschrauber. »Und wir fliegen über die Midways, und dann fliegen wir nach England. Und dann landet das Flugzeug dort. Und dann stoppt der Propeller. Ooooooooooh, er dreht sich so schnell!«
Die Kinder verfolgen Jasons Privatvorstellung, während ich mir den Kopf darüber zerbreche, warum nicht das eintritt, was ich erwarte. Jason spielt allein; er erzählt sich selbst Geschichten; er scheint unsere Gewohnheiten und Bräuche gar nicht wahrzunehmen. Wenn man ihn etwas fragt, sagt er, sein Hubschrauber sei kaputt. Wenn man ihm etwas vorschlägt, macht er sich davon, um seinen Hubschrauber zu reparieren. Manchmal stolpert er dabei unterwegs sogar über etwas, was ein anderes Kind gebaut hat.
Irgendein Gefühl sagt Jason, daß er sich unseren Absichten entgegenstellen und sich vor unserer Einmischung schützen

muß. Er wimmert vor Angst, wenn man seinen Hubschrauber berührt; und er unterbricht unsere Gespräche mit ohrenbetäubendem Lärm. Es sieht so aus, als wollte er uns wegstoßen, doch er erreicht genau das Gegenteil: wir können unseren Blick nicht von ihm wenden.

An einem Tag, an dem Jason nicht in die Schule kommt, erzähle ich der kleinen Gruppe an seinem Tisch eine Geschichte.

»Es war einmal ein Junge, der nie guten Tag sagte, nicht einmal zu der Lehrerin.«

»Ist das eine wahre Geschichte?« erkundigt sich Lilly.

»Ich erzähle weiter, und dann kannst du es selbst beantworten. Anstelle von guten Tag sagte er immer: ›Brumm-brumm!‹ Jeden Tag ließ er das Brummen hören, wenn er an der Lehrerin vorbei zu den Bauklötzen ging.

›Guten Morgen!‹ ruft ihm die Lehrerin eines Tages zu. ›Oh, du hast heute deinen roten Hubschrauber mitgebracht!‹«

Die Kinder lächeln, sie haben ihn erkannt. »Es ist Jason, nicht wahr?«

»Die Geschichte geht noch weiter. Der Junge antwortete der Lehrerin nicht. Er war damit beschäftigt, große Bauklötze in eine Ecke beim Fenster zu tragen.«

»Es ist Jason, ich weiß es genau.« Alex strahlt vor Freude. »Du tust nur so, als ob du eine Geschichte erzählst, stimmt's?«

»Ja, ja«, rufen alle. »Du tust nur so, in Wirklichkeit ist es Jason.«

Den Kindern gefällt meine Geschichte, sie sehen nicht, was falsch daran sein soll, wenn man brummbrumm sagt statt guten Tag.

»Ist die Geschichte zu Ende?« fragt Lilly.

»Es geht noch weiter. Der Junge ließ seinen Hubschrauber auf dem Flughafen landen. Doch bei der Landung passierte etwas.«

»Die Propellerflügel sind kaputtgegangen«, rufen alle begeistert. »Und er hat sie wieder repariert!«
»Das ist das Ende.« Ich habe meine Geschichte erzählt, und ich habe herausgefunden, was ich wissen wollte. Jasons Geschichte leuchtet den Kindern ein. Jetzt ist es meine Aufgabe, den Grund dafür herauszufinden.
»Erzähl es uns noch einmal«, bittet Joseph.
»Das werde ich tun, wenn Jason wieder da ist. Glaubt ihr, daß ihm die Geschichte gefallen wird?«
»Ja, natürlich«, versichert mir Lilly. »Sie geht doch über seinen Hubschrauber.«

Eines Tages bringt Joseph eine Schlange mit und erzählt eine Schlangengeschichte. Ich fordere Jason auf: »Komm doch mal und schau dir Josephs Schlange an. Sie bewegt sich ganz seltsam.«
Aber Jason rennt nur an uns vorbei zu den Bauklötzen und brabbelt vor sich hin, während er den ersten Flughafen des Tages baut. Er wird noch oft abgerissen und wieder neu errichtet werden. Kaputtmachen und wieder reparieren ist die Grundlage von Jasons Spiel.
Joseph erzählt seine Geschichte zu Ende und ruft dann Simon zu: »He, spiel du das böse Krokodil, das nach unten schleicht, okay?«
Allem Anschein nach will er der Geschichte, die er uns gerade erzählt hat, ein neues Kapitel anfügen.
»Ja, und dann zischen wir. Und dann kämpfen wir gegen ihn«, sagt Simon.
»Bist du nicht das Krokodil?« fragt Joseph.
»Ich bin ein kleines Eichhörnchen, das sich in eine Schlange verwandelt hat. Hallo, Papa. Du bist der Vater, ja? Dann bin ich das Kind, okay? Das Schlangenfreund-Kind und jemand, der sich in

eine Schlange verwandelt hat.« Die Frage der Identität zu klären ist für jedes Kind ein zentrales Anliegen. Für die beiden Schlangen im Schlangenhaus gibt es nichts Wichtigeres.
Joseph schnappt sich den nächstliegenden Bauklotz und hält ihn hoch. »Ich bin der Vater und habe ein Schwert und einen Schlüssel. Aber wer ist das Krokodil? He, Jason, du bist das Krokodil, okay, Jason?«
Jason duckt sich ganz langsam hinter die Bauklötze. »Der Propeller dreht sich«, murmelt er vor sich hin. »Jetzt fliegst du immer höher, höher, runter, runter, runter, oh, jetzt stürzt du ab, kaputt, jetzt bist du kaputt, ich muß jetzt den Propellerflügel reparieren.«
»Jason, hör mir mal zu!« brüllt Simon. »Willst du jetzt das Krokodil sein oder nicht? Ein gutes Krokodil?«
»Das ist ein Rettungshubschrauber«, sagt Jason lauter, aber nicht zu den Jungen, die seinen Namen gerufen haben. »Jemand hat ihn kaputtgemacht. Ich muß die Propellerflügel reparieren.«
Joseph gibt nicht auf. »Ich habe eine Idee, Jason. Dein Rettungshubschrauber muß uns retten, ja? Hilfe, Hilfe! Ein Monster-Krokodil lauert im Dunkeln! Hilf mir! Hubschrauber zum Einsatz! Rette uns!«
Joseph starrt den Jungen, der sich schweigend über seinen Hubschrauber beugt, wütend an. Sosehr er sich anstrengt, hier greift seine Logik nicht, und er ist verwirrt. Ich auch. Joseph geht genau wie ich davon aus, daß die Phantasien im Klassenzimmer die Funktion haben, Ideen mitzuteilen und die Gruppenkultur zu beeinflussen. Aber Jasons Spiele scheinen einen anderen Zweck zu verfolgen. Er will zwar, daß wir seine Hubschraubergeschichte kennen, aber wir dürfen nicht in seine Sphäre eindringen. Wie verläßlich sind meine Theorien, wenn sie Jason nicht einbeziehen?

Von daher hilft es mir, aus der Rolle der Theoretikerin in die der Geschichtenerzählerin zu schlüpfen, wenn ich mich im Klassenzimmer mit den Kindern befasse, die nicht in der erwarteten Art und Weise reagieren. Ein Geschichtenerzähler liebt Spannung über alles. Das, was wir über die Charaktere *nicht wissen*, ist es, was sie interessant macht. In einer guten Geschichte warten wir auf die überraschende Wendung im Handlungsverlauf, und wir setzen voraus, daß wir nicht von vornherein das Gesamtbild sehen.

Jasons Ritual von kaputten Propellerflügeln und ihrer Reparatur ist ebenso interessant wie der Beginn jeder Geschichte aus Kindermund, die ich kenne. Wir warten gespannt auf den Fortgang der Erzählung, aber bisher will Jason anscheinend lieber den Beginn seiner Geschichte noch weiter ausarbeiten.

Die Jungen wenden sich wieder von Jason ab und stellen eine Reihe von hölzernen Zylindern um die Wände des Schlangenhauses herum auf. »Das wären Giftbecher, aber das Krokodil weiß nicht, daß Gift drin ist, und es stirbt, und dann ist es tot.«

»Wir spielen, wir würden es in den Hubschrauber tun...« Simon wirft Jason einen hoffnungsvollen Blick zu, aber es kommt keine Reaktion. Die Kinder bieten Jason immer wieder neue Rollen an, aber er tritt nicht aus dieser einen heraus, die er kennt.

Unaufgefordert betrete ich die Bühne. »Ich habe gehört, daß Joseph um Hilfe gerufen hat, Jason. Kann dein Hubschrauber die Schlangen retten?«

Jason läßt sich auch von mir nicht manipulieren. »Mein Propellerflügel ist kaputt«, sagt er. »Jemand hat ihn kaputtgemacht.«

»Kannst du Joseph und Simon zeigen, wie du ihn reparierst?«
»Ich kann nicht jemand zeigen, wie man den ganz macht.«

Er nennt die anderen Kinder »jemand«. Nach zwei Monaten nennt er nur mich beim Namen. Aber Jason erzählt eine Geschichte — von kaputten Propellerflügeln und erfolgreichen Reparaturen —, und unser Unterricht basiert auf Geschichtenerzählen. Wir müssen es nur schaffen, ihn auf eine unserer Bühnen zu locken.
Mir ist etwas ganz Wichtiges klar geworden. Alles, was im Spiel oder beim Geschichtenerzählen passiert, ist für die Kinder ein spannender Gesprächsstoff, solange ich ehrlich reagiere. Sie lassen sich fesseln wie Schauspieler und Stückeschreiber, wenn sie konstruktive Reaktionen von ihrem Publikum erhalten. Als Lilly mir versicherte, daß Jason die Geschichte gefallen würde, die ich über ihn erzählt hatte, basierte ihre Meinung auf dieser Voraussetzung.
In der Frühstückspause sage ich: »Bei den Bauklötzen ist Joseph, Simon und Jason vorher etwas Interessantes passiert.« Ich *bin* ehrlich, denn ich fand es interessant. Die Kinder richten sich gespannt auf. Selbst Jason zeigt Interesse für diese Anekdote, in der er eine zentrale Rolle spielt.
»Joseph und Simon waren Schlangen, und da war ein böses Krokodil, und Simon wollte, daß Jasons Hubschrauber ihn und die andere Schlange rettet, und...«
»Nein, *ich* habe gesagt, er soll uns retten«, korrigiert mich Joseph.
»Ja, stimmt, Entschuldigung. Aber Jason war damit beschäftigt, seine Propellerflügel zu reparieren, weil sie jemand kaputtgemacht hat.«
»Wer?« fragen mehrere Kinder.
»Ich weiß es nicht«, antworte ich.
»Wer hat deinen Propeller kaputtgemacht?« fragt Joseph mit neu erwachtem Interesse.
»Jemand, der orange ist«, flüstert Jason.

Joseph mustert sein orangefarbenes Hemd. »Du meinst, jemand, der so ein Hemd anhat wie ich? Aber nicht ich, oder? Du meinst jemand anderen, der was Orangenes anhat?«
»Er meint einen Geist, der orange war!« platzt Peter heraus und haut auf den Tisch. »Dum-di-dum-dum!«
Jason hat genug von dieser Unterhaltung. Mit zusammengepreßten Lippen stößt er einen Ton aus wie eine Sirene und rast ins Nebenzimmer. Dort rennt er durch ein kompliziertes Netz von Bahngleisen und stolpert über einen empörten Edward. »Das hast du mit Absicht gemacht!«
Aber Jason hat sich bereits wieder hinter seiner Wand verschanzt und repariert seinen Hubschrauber, ohne etwas zu hören.

* * *

Was bringt Kinder dazu, die Ideen, Forderungen und Beschwerden ihrer Kameraden zu beachten? Meiner Meinung nach sind es die gleichen Bedingungen, die auch die anderen rätselhaften Vorgänge im Klassenzimmer erklären: das Bedürfnis, einen Freund zu finden und Teil einer Spielhandlung zu sein. Kinder sehen sich selbst immer als Teil einer Geschichte. So wird auch Freundschaft in der Begrifflichkeit von Phantasierollen definiert. Du bist ein Freund, wenn du mit jemandem spielst, und du wirst am ehesten denjenigen zuhören, mit denen du gemeinsam eine Ereignisfolge ausagierst.
Wenn Jason bereit gewesen wäre, das Krokodil zu spielen, hätten ihn Joseph und Simon als Freund betrachtet. Sie hätten später zu Hause erzählt: »Jason ist mein Freund.« Es ist ganz einfach, wenn es funktioniert.
Freundschaft und Phantasie sind die natürlichen Pfade, die Kinder in eine neue Welt führen, wo sie andere Stimmen hören

und andere Standpunkte kennenlernen. Sie erfahren, wie man Gefühle und Ideen, die den eigenen ähnlich sind, anders ausdrücken kann. Bei Erwachsenen ist es wohl so, daß Liebe und Arbeit diese Funktion erfüllen, obwohl ihnen über die Jahre hinweg die vielen nicht erfüllten Erwartungen häufig Hindernisse in den Weg legen. Das Gefühl von Verbundenheit ist für Kinder jedesmal von neuem ein Wunder.

Auch wenn Freundschaft und Phantasie bereits Verbindungen zwischen den einzelnen Kindern herstellen, gibt es dennoch eine dritte Bedingung, die erst den Rahmen schafft, innerhalb dessen Unterricht sinnvoll ist: das natürliche Bedürfnis eines jeden, Teil einer größeren Gruppe zu sein. Die Gruppe ist es, die den größten Einfluß auf die Entwicklung des Geschichtenerzählers hat.

Zwei Freunde werden sich jeweils an die Geschichten des anderen erinnern und sich in einer ganz persönlichen Sprache verständigen. Der Geschichtenerzähler hingegen ist Mitbegründer einer Kultur und braucht daher die Mitwirkung eines Publikums. Das Spiel reicht dazu nicht aus; man braucht eine Gestaltungsmöglichkeit, die den wesentlichen Kern des Spiels erfaßt, es aber zugleich mit einem höheren Grad an Objektivität verbindet. Durch das Erzählen und Ausagieren von Geschichten können diese Aufgaben bewältigt werden.

Bis jetzt hat Jason die ersten beiden Bedürfnisse noch nicht befriedigt, er scheint die Phantasie eher als Mittel einzusetzen, Freundschaft zu vermeiden. Dennoch können wir selbst mit einem Kind, das es vorzieht, im Cockpit eines Hubschraubers zu bleiben, Kontakt aufnehmen, wenn es erkennt, daß wir ein angemessenes Publikum für seine Phantasie sind.

Jason unterscheidet sich nicht von uns anderen. Auch er will seine Geschichte erzählen. Warum sonst sollte er seinen Motor dröhnen lassen und sich lautstark darüber beklagen, daß sein

Propeller kaputt ist, wenn er damit nicht die Aufmerksamkeit auf sich lenken wollte?
Aber Aufmerksamkeit, die einem nur widerwillig geschenkt wird, befriedigt nur vorübergehend. Eine Idee muß sich in den Rhythmus der Gruppe einpassen, nur dann kann sie wirklich aufgegriffen werden. Phantasie ist keine einseitige Funktion; sie gedeiht nur in Gesellschaft derer, die die gleiche Sichtweise teilen und die richtigen Fragen stellen.
Wenn Jason noch nicht mit einem bestimmten einzelnen Kind Freundschaft schließen kann, reizt ihn vielleicht die Vorstellung der unpersönlicheren Beziehung zu einem größeren Publikum. Das Verfassen von Theaterstücken braucht keinen wechselseitigen Austausch und kann deshalb eine Zeitlang persönliche Bezüge außer acht lassen. Die Geschichte und die Bühne geben allen Kindern die Möglichkeit zu experimentieren: denjenigen, die in die Gruppe integriert sind, sich aber nicht artikulieren können, ebenso wie denen, die besser reden als spielen können; denen, die von einem einzigen Thema besessen sind, und auch denen, die zu viele Themen nur oberflächlich anreißen. Hier befinden wir uns auf fruchtbarem Boden. Vielleicht trägt er irgendwann auch für Jason Früchte.
In der Zwischenzeit motiviert er mich, dieses Phänomen genauer zu studieren. Ich will mehr darüber wissen, wie beim Erzählen und Spielen von Geschichten Regeln entstehen, die eine Gruppe von Kindern zusammenhalten, und welche Wirkungen dies auf alles andere hat, was in der Schule passiert.
Es gibt hier ein intuitives und spontanes Repertoire an möglichen Reaktionen, aus denen Lehrer und Kinder die Verhaltensregeln und Traditionen entwickeln können, die das Zuhören und Reagieren bestimmen. Im Erzählen und Spielen von Geschichten müssen alle Ideen zu Wort kommen; sie müssen erörtert, miteinander verglichen und interpretiert werden — und

sie müssen dann auch *gespielt* werden. Die Verbindungen, die bereits im Spiel entstanden sind, werden ausgebaut, die teilweise schon errichteten Wegweiser werden so aufgestellt und benannt, daß sie den Geschichtenerzähler verpflichten, bestimmte Richtungen einzuschlagen. Das Thema der Geschichte bestimmt Sprache und Denken: *Es ist der intellektuelle Nachfolger der schöpferischen Weisheit des Spiels.*
Immer wieder kehren wir zum Spiel zurück — Geschichtenerzählen und Stückeschreiben reicht eben nicht aus. Ich muß Jason beim Spielen noch aufmerksamer beobachten als im Geschichtenzimmer. Wie wird sich die schöpferische Weisheit, die in *seinem* Spiel liegt, ausdrücken? Genau wie jeder Geschichtenerzähler mit einer einzigartigen Botschaft beginnt, entwickelt jeder Geschichtenspieler eine ganz besondere Beziehung zu denen, mit denen er schließlich zusammenspielt.
Selbst wenn ich mir für Jason wünsche, daß er sich harmonisch einfügen könnte, ist mir doch klar, daß Konformität eine Geschichte verdirbt. Wäre Jasons Hubschrauber herbeigebrummt und hätte die Schlangen gerettet, was bliebe mir zu beobachten, worüber sollte ich mich wundern? Das Retten der Schlangen ist Josephs Geschichte. Wen oder was wird der Hubschrauberjunge retten? Das ist für mich in dieser Klasse die spannendste Frage.

* * *

»Jason, Jason, bring deinen Hubschrauber hierher«, drängt Simon. »Hier ist meine Eichhörnchenlandebahn. Wir spielen, daß du mich nicht siehst, und ich bin in meinem Eichhörnchenbau, und später siehst du mich, aber zuerst nicht.«
Jason wendet der Eichhörnchenlandebahn den Rücken zu, aber Simon läßt nicht locker: »Willst du auf der sicheren Seite

landen?« Immer noch keine Antwort. »Na ja«, Simon zuckt die Achseln, »ich tu jedenfalls so, als würde er auf meiner Landebahn landen. Ich tu so, als ob es O'Hare wäre.«
Obwohl Jason die Spiele der Kinder immer noch ignoriert, verbringt er jetzt mehr Zeit am Tisch, wenn sie ihre Geschichten erzählen.
»Möchtest du heute gerne eine Geschichte erzählen?« frage ich ihn eines Morgens.
»Ich schneide einen Propellerflügel aus«, sagt er.
»Das könnte eine Geschichte sein. Ich könnte aufschreiben: ›Ich schneide einen Propellerflügel aus.‹«
»Mein Propellerflügel ist kaputt.«
»Das kann ich auch noch in deine Geschichte schreiben. ›Mein Propellerflügel ist kaputt.‹«
Er antwortet nicht, und ich schreibe nicht auf, was er gesagt hat. Ich kann nicht länger so tun, als würde Jason eine Geschichte diktieren, und genausowenig kann ich so tun, als würde Jason mit Simon spielen. Geschichtenerzählen ist tatsächlich eine bewußtere schöpferische Tätigkeit als Spielen. Simon kann seinen Eichhörnchenbau in die Nähe von Jasons Flughafen rücken, dann werden sich ihre unterschiedlichen Themen auf halbem Wege treffen, und jedes Kind wird dem anderen mit halbem Ohr zuhören.
Doch wenn Simon eine Geschichte erzählt, weiß er ganz genau, was hineingehört und was draußen bleiben muß. Zunächst einmal beginnt jede seiner Geschichten mit einem kleinen Eichhörnchen.
»Es war einmal ein kleines Eichhörnchen. Und da war ein Vater. Sie haben einen Plan gefunden, wo ein Schatz liegt. Dann haben sie gegen einen Bösen gekämpft. Das ist Petey.«
»Ich bin nur Micky Maus«, erklärt Petey.
»Micky Maus kommt auch in meiner Geschichte vor.«

Simon ist immer bereit, eine Rolle in seiner Geschichte so zu ändern, daß die Phantasie eines anderen Kindes Platz darin findet. Er ist jünger als Jason und auf seine ganz eigene Art wesentlich anstrengender — er weint vor Wut, wenn in Alltagsangelegenheiten seine Worte oder Absichten mißverstanden werden. Aber sobald seine Phantasie in Fahrt kommt, erkennt er glasklar den Kernpunkt einer Meinungsverschiedenheit und sucht nach einem Kompromiß oder nach einem überzeugenden Argument.

»Ich meine, daß Micky Maus so tut, als wäre er ein Bösewicht, aber du bist es in Wirklichkeit nicht, aber das weiß ich nicht, und später weiß ich es.«

Petey ist zufrieden. So zu tun, als wärst du ein Böser, wenn jedermann weiß, daß du eigentlich gut bist, ist die beste aller möglichen Rollen. Er revanchiert sich für diesen Gefallen, indem er ein kleines Eichhörnchen in seiner Micky-Maus-Geschichte mitspielen läßt:

Micky Maus dachte, das Haus brennt. Es ist das Haus vom kleinen Eichhörnchen. Also kippt Micky Maus den Fluß über das Haus, um das Feuer ins Wasser zu tun. Da ist das Feuer ganz ausgegangen.

Die Bühne, auf der wir unsere Geschichten ausagieren, ist ein markiertes Viereck in der Mitte des Teppichs, der in unserem Geschichtenzimmer liegt. Diese Stelle ist tabu, wenn Geschichten gespielt werden; die Kinder lernen, sich davon fernzuhalten, wenn sie keine Rolle in der Geschichte haben. Nur Jason weigert sich, diese Regel einzuhalten, was alle anderen aufbringt. Sein Motor startet, sobald eine Geschichte beginnt, und innerhalb von ein bis zwei Sätzen fliegt er um die Bühne herum. Er tut dies auch jetzt, als wir Simons Geschichte spielen.

Ich stelle dann immer die Frage: »Kommt in der Geschichte ein Hubschrauber vor?«
»Nein«, antwortet Simon.
»Dann darfst du nicht auf die Bühne, Jason.«
Jason hat diese Begründung schon häufiger gehört. Du darfst nicht in eine Geschichte eindringen, es sei denn, der Autor läßt dich eine Rolle darin spielen. Kommentare sind jederzeit erwünscht, aber um eine neue Figur in die Geschichte eines anderen einzufügen, muß man die Erlaubnis bekommen.
Das ist ein einfaches und einleuchtendes Konzept bei diesen strukturierten »Theateraufführungen«. In der Puppenecke ist es schon schwieriger, doch in beiden Fällen wird die Frage der dramatischen Integrität streng gehandhabt. Es ist ein entscheidender Punkt des sozialen Miteinanders und kann als Grundlage genutzt werden, die meisten Verhaltensprobleme zu lösen. Gehört das, was du gerade tust, wirklich in diese Szene? Wenn nicht, kannst du die Spieler dazu bewegen, ihr Skript zu ändern? Wenn nicht, bist du dann einverstanden, eine andere Rolle zu übernehmen? Wir nennen es Sozialisation, was — in jedem Alter — nichts anderes bedeutet, als daß man seinen vorgegebenen Part möglichst akzeptabel darstellt.
Ich fahre mit Simons Geschichte fort, und wieder drängt sich Jason lautstark auf die Bühne.
»Simon, kommt in deiner Geschichte ein Hubschrauber vor? Sehen die Eichhörnchen einen Hubschrauber?« Simon kann mich kaum hören, so laut dröhnt Jason.
»Nein ... oder doch, sie sehen einen. Sie hören ihn, wie er über sie wegfliegt. Und dann landet er auf *dieser* Stelle. Genau hier.«
Jason wird langsamer und hält an dem bezeichneten Fleck. »Brrr-u-umpt! Ich habe den Motor ausgemacht«, sagt er. Jason hat bewußt in der Geschichte eines anderen Kindes mitge-

spielt. Warum hat er jetzt reagiert und nicht schon vorher, als er zwischen den Bauklötzen saß und Simon ihn aufforderte, auf der Eichhörnchenlandebahn zu landen?
Vielleicht sind viele solcher Erfahrungen notwendig, bevor er gefahrlos zuhören kann? Oder kommt die momentane Sicherheit daher, daß er Teil des Publikums ist und einer Vorstellung beiwohnt, in der ein Kind sich in einem klar abgegrenzten Rahmen auf eine Phantasievorstellung konzentrieren kann und er so das eigene Verhalten durch die Augen seiner Klassenkameraden sieht? Auf jeden Fall *hat* Jason heute zugehört.

Am nächsten Tag sage ich zu Jason: »Du hast den Motor ausgemacht, als Simon wollte, daß du landest. Du weißt jetzt alles über Geschichten. Willst du eine erzählen?«
»Ja.«
Habe ich ihn manipuliert? Ich denke nicht. Ich hatte lediglich eine Ahnung, daß es klappen könnte, und auch Ahnungen sind Teil des Unterrichtens. Ein Kind, das der Geschichte eines anderen Kindes zuhört und darauf reagiert, mag tatsächlich soweit sein, daß es der Gruppe seine eigene Geschichte erzählen will.
Jason beginnt sofort. »Und ein Hubschrauber. Mit Turbopropeller. Er fliegt.« Das mußte ja seine erste Geschichte sein! Selten war der erste Versuch eines Kindes so genau vorhersagbar. Daraus schließe ich, daß wir den wahren Jason sehen, der sich hinter den Mauern seines Flugplatzes verbarrikadiert. Es ist besser, wenn man nicht versucht, ein so klares Selbstbild zu beeinflussen. Wir müssen zulassen, daß es sich ungehindert entwickelt, seinen eigenen Weg geht.
Im Geschichtenzimmer surrt Jason um den Teppich herum, während ich seine Geschichte vorlese. Er fliegt noch ein paar Runden, nachdem ich schon fertig bin. Als er aufhört, sage

ich: »Ich wüßte gern, ob der Hubschrauber ein anderes Flugzeug sieht?«
»Jemand«, antwortet Jason.
»Welchen jemand?«
»Eichhörnchen-Jemand.«
Simon steht auf. »Er meint mich! Ich bin das Flugzeug, stimmt's?« Jason nickt, und Simon imitiert die Hubschraubergeräusche, die wir inzwischen schon so gut kennen. Kinn nach vorne, Arme in Bewegung, fliegen die Jungen in Formation.
In diesem mit Rückschlägen behafteten Prozeß der Schulsozialisation gibt es kein festgelegtes Skript, doch Jason hat die ersten Schritte gemacht. Er hat das Klassenzimmer mit einem klaren Symbol betreten und es gehegt und gepflegt. Sein Dröhnen übertönt unsere Worte, und manchmal ärgert oder erschreckt es diejenigen, die in seiner Flugbahn stehen. Aber so ist Jason nicht zu übersehen. Er sorgt dafür, daß er unter Fremden an einem fremden Ort nicht untergeht.
Diejenigen, die nie stören, halten sich vielleicht zu sehr zurück. Bevor sie uns nicht erzählen, was in ihnen vorgeht, können sie dem vielleicht nicht zuhören, was *wir* ihnen zu sagen haben. Es gibt die Tendenz, den lärmenden, sich ständig wiederholenden Phantasien von Kindern jeden *pädagogischen Wert* abzusprechen, doch Hubschrauber, Kätzchen, Umhänge von Superhelden und Barbiepuppen sind Hilfsmittel für das Geschichtenerzählen und Gesprächsthemen der Kinder. Ohne sie ist die Bandbreite dessen, worüber wir reden und was wir hören, willkürlich auf die Perspektive des Erwachsenen beschränkt.
Hätte er seinen Eichhörnchenbau nicht gehabt, wäre Simon vielleicht immer noch der weinerliche Junge, der im September zu uns in die Schule kam. Seine Phantasie bot ihm einen sicheren Zufluchtsort und gibt heute noch Anstöße zu einer Menge von Plänen und Ideen.

Jason weiß, wie wichtig es ist, in eine Rolle zu schlüpfen. Bevor er Simon beim Namen nannte, sprach er von ihm als »Eichhörnchen-Jemand«. Es ist häufig leichter, in einer Phantasierolle Kontakte zu knüpfen, als in der unverhüllten, verwirrenden, erwachsenenzentrierten Wirklichkeit.
Jasons Identität steht unverrückbar fest, und vielleicht ist das auch der Grund dafür, daß er angefangen hat, Fragen zu stellen, die andere Kinder kaum einmal aussprechen. »Warum ist er ein Löwe?« will er zum Beispiel wissen, weil Alex Tag für Tag in seinen Geschichten ein lautes Gebrüll von sich gibt.
Jason kleidet die Frage sogar in eine Geschichte. »Das Flugzeug trudelt. Es fährt die Räder aus, um runterzukommen und aufzusetzen. Da ist ein Löwen-Junge.« Doch als wir die Geschichte ausagieren, sagt er, daß kein Löwen-Junge darin vorkommt. »Du hast dich geirrt«, behauptet Jason.
»Warum ist sie eine Mutter?« erkundigt er sich über Dana, deren Mütter immer viele Babys haben. In ihrer letzten Geschichte brachte sie nicht weniger als acht Babys in die Schule.
»Da ist ein Baby in meiner Geschichte«, sagt Jason. »Ein Mädchen-Baby.« Ich ergänze seine Geschichte über das Baby, doch im Geschichtenzimmer reagiert er auf einmal ganz empört. »Sarah ist nicht in meiner Geschichte«, schreit er. Es ist das erste Mal, daß er seine kleine Schwester erwähnt.
Am nächsten Tag kommt ein Monster in Katies Geschichte vor, und später, auf dem Spielplatz, faßt Jason mich am Arm. »Da ist ein Monster in meiner Geschichte«, flüstert er. Aber das Monster tritt nicht in Erscheinung. Jason liebäugelt damit, ein Monster zu erwähnen, genauso wie er sich überlegt, ob er es wohl wagen kann, ein Baby in die Geschichte aufzunehmen.
Ich frage mich, wann wohl Mädchen-Babys und Monster Eingang in Jasons Geschichten und in sein Spiel finden werden.

Nie kommt es vor, daß zwei Kinder die gleiche Beziehung zwischen Symbol und Geschichte entwickeln. Natürlich unterscheidet sich auch die Art des Lernens von Kind zu Kind, aber nirgends sind die Verhaltensweisen individueller als beim Geschichtenerzählen. Selbst wenn sich die Kinder von anderen Ideen ausborgen, behalten sie doch ihren eigenen Stil und ihre Symbolik bei, die so einzigartig sind wie ihre Fingerabdrücke.
Katies Monster spukt in Jasons Kopf herum, doch wenn er es endlich einem Monster gestatten wird, in seiner Geschichte eine Rolle zu spielen, wird es sich sehr von diesem unterscheiden. Während er darauf wartet, abgeholt zu werden, übt er ihren Satz mit dem Monster immer wieder. »Dann haben wir in unserem Zimmer ein Monster gesehen, ein Monster gesehen, wir haben ein Monster gesehen, in unserem Zimmer haben wir ein Monster gesehen.«
Hier ist Katies Geschichte:

Es waren einmal zwei kleine Mädchen und eine Mama und ein Papa, die schliefen alle zusammen in einem Bett. Und dann haben sie an ein Monster gedacht, mit schwarzen Ohren, und sie haben ihre Umhänge angezogen und sind nach unten geschlichen. Und dann haben wir in unserem Zimmer das Monster gesehen.

»Nach unten geschlichen« stammt von Ira. Jedes Jahr entstehen bestimmte beliebte Redewendungen, die bald in aller Munde sind und immer wieder in den Geschichten und Spielen auftauchen. Man erinnere sich nur an Josephs Krokodil, das nach unten schlich! Der Gebrauch eines gemeinsamen Symbols ist ein ebenso greifbares Zeichen der Sozialisation wie die Erlaubnis, Bauklötze und Puppen mitzubenutzen.
Iras Geschichte mit dem »Nach-unten-Schleichen« wird ein

ganzes Jahr lang immer wieder erzählt werden. »Es war einmal ein Junge, der war fünf. Und er war in sein Zimmer eingesperrt«, begann Iras Geschichte.
»Wer hat ihn eingesperrt?« fragte Simon damals.
Ohne Simons besorgte Frage hätte Iras Geschichte keinen so starken Eindruck hinterlassen. Die soziale und emotionale Wirkung solcher Fragen kann nicht hoch genug eingeschätzt werden. Iras Erzählung und Simons Frage brachten bei Jason zum Beispiel eine Entwicklung in Gang, die seine Art zu spielen in kürzester Zeit gewaltig verändern sollte.
Gleich der darauffolgende Satz von Iras Geschichte hatte die Funktion, Simons Frage zu beantworten.

Er ist von seiner Mutter eingesperrt worden, weil er keinen Mittagsschlaf halten wollte. Dann ist er nach unten geschlichen, weil er einen Schlüssel hatte. Und dort war Slime Man. Er ist nach oben gerannt und hat alle Türen zugesperrt. Und wenn sie nicht gestorben sind, dann leben sie noch heute.

Simon ist der erste, der die von Ira geprägte Redewendung übernimmt. »Das Baby-Eichhörnchen ist nach unten geschlichen und hat dort einen Bösen gefunden und ihn gebissen. Dann fand Papa sein Baby-Eichhörnchen. Es lag auf der Straße.« Wenn du nach unten schleichst, findest du dort einen Bösen vor; durch Simons Geschichte ist dies eine feststehende Verbindung geworden.
»Nach unten schleichen« ist ein literarisches und kulturelles Ereignis geworden. Jedesmal, wenn ein Gedanke ausgeborgt wird, lenke ich die Aufmerksamkeit auf diese Tatsache, aber es liegt nicht in meiner Macht, selbst ein Symbol zu schaffen. Jede Gruppe wählt sich ihre eigenen literarischen Versatzstücke.

»In Simons Geschichte kommt etwas vor, was mich an die von Ira erinnert.«

»Nach unten schleichen!« brüllen die Kinder.

»Ich tu das«, verkündet Petey, und am nächsten Tag »schleicht Micky Maus nach unten, und dann sieht er Slime Man, und Micky Maus flieht durch das Fenster.«

Wir lesen der ganzen Gruppe jeden Tag mindestens zwei Bücher vor, außerdem bekommt jedes Kind, das darum bittet, etwas vorgelesen. Da wir drei Lehrerinnen in dieser Klasse sind, hat normalerweise immer eine Zeit dazu. Dennoch sind die literarischen Symbole und Traditionen, die von den Kindern wiederaufgenommen werden, meist solche, die ihren eigenen Geschichten entstammen.

Vielleicht liegt das daran, daß erwachsene Autoren nicht den täglichen Trubel eines ganz bestimmten Klassenzimmers mitbekommen, sie haben nicht teil an einer unmittelbaren gemeinsamen Erfahrung und kennen die plötzlich auftretenden Ängste und Freuden nicht. Ein Außenstehender weiß nichts von Alex' brüllendem Löwen und hat noch nie das Brummen von Jasons Hubschrauber gehört — er war nicht dabei, als beschrieben wurde, was für ein Gefühl es ist, wenn man die Treppen nach unten schleicht, nachdem einen die eigene Mutter ins Zimmer eingeschlossen hat. In der Geschichte eines Erwachsenen wäre dieses Bild viel zu erschreckend.

Ein Außenstehender wüßte auch nicht, daß Lilly viele ihrer Geschichten zur Zeit mit der Darstellung von Ritualen wie Zubettgehen, Essen und Zähneputzen ausstattet.

Das kleine Mädchen kommt. Die Mutter kommt. Der Vater. Der Bruder. Ein Hund. Sie gehen ins Bett. Sie wachen auf. Dann frühstücken sie. Dann gibt es Mittagessen. Dann Abendessen. Sie putzen ihre Zähne. Dann gehen sie ins Bett. Sie wachen auf. Sie frühstücken. Ende.

Niemand findet ihren eingeschränkten Handlungsverlauf langweilig. Im Gegenteil, fast alle melden sich, als sie ihre Schauspieler aussucht, und die Symbole von Sicherheit und Verläßlichkeit, die in ihrer Geschichte vorkommen, werden das ganze Jahr hindurch immer wieder kopiert.

Kinder reagieren schnell, wenn es darum geht, die Absichten anderer zu interpretieren. Will man ihnen dabei helfen, die Entwürfe über Geschichten auszugestalten und zu präzisieren, ist es immer am besten, Sprache und Symbole der Kinder zu benutzen.

»Schon komisch«, sagt Jason.
»Was ist komisch?« frage ich.
»Das Ding hier frißt die Linie.«
»Was heißt das, Jason, es ›frißt die Linie‹?«
»Es heißt, es frißt die Linie.«
Petey betrachtet das Papier, das vor Jason liegt. »Er hat hier eine Linie gemalt, und das Ding hat es gefressen«, erklärt er.
»Meins tut das nicht, weil ich nicht Weiß nehme.«
Jetzt sehe ich, was Jason meint. Weiß auf Weiß ist nur schwer zu erkennen. Das weiße Papier frißt die weiße Malkreide. Das Papier »frißt die Linie«.
»Ich finde Malen schwer«, sagt Jason.
»Nimm kein Weiß«, schlage ich vor. »Nimm irgendeine andere Farbe. Dann frißt das Papier die Linie nicht mehr.«
»Blau frißt es nicht, Jason«, sagt Arlene und gibt ihm ein Stück blaues Papier. »Mal mit dem Weiß auf dem Blau.«
Petey schnappt sich das blaue Papier und segelt damit um Jasons Kopf herum, dann läßt er es auf den Hubschrauber fallen.
»Da, es ist gelandet.«
»Dein Weiß fliegt jetzt im Himmel«, sagt Arlene.
»Zuerst ist es geschwebt wie das hier«, meint Jason und

malt weiße Kringel auf das blaue Papier. »Jetzt fliegt es höher.«

Die Kinder nehmen eine Idee auf und spielen damit, sie spielen die Idee durch, bis sie einen Sinn ergibt, was nichts anderes heißt, als daß sie die Form einer Geschichte annimmt. Es ist nahezu unmöglich, einem Kind etwas verständlich zu machen, ohne ein Bild zu verwenden, das aus seinem eigenen Mund stammt. Wenn das Papier »die Linie frißt«, ist das der Punkt, an dem man ansetzen muß.

Manchmal überfällt mich plötzlich die Erkenntnis, wie enorm weit ich mich in meiner Erwachsenenwelt von der Welt der Kinder entfernt habe. Für mich ist Jason anders als die anderen, aber eigentlich ist klar, daß ich es bin, die anders ist, und nicht Jason. Sein Denken spiegelt das seiner Klassenkameraden wider; ihre Bilder fließen in sein Spiel ein und beeinflussen seine Ausdrucksweise; und es ist ihr Verdienst, daß er von Zeit zu Zeit aufhört, seine Propellerflügel zu drehen, um ihnen zuzuhören.

Aufräumzeit. Jason bleibt hinter seiner Bauklotzwand. »Ich kann hier nicht raus«, verkündet er. »Ich bin eingesperrt. Ich bin der Böse.«

»Wer hat dich eingesperrt?« erkundige ich mich.

»Du«.

»Ich?«

»Ja, weil ich keinen Mittagsschlaf gemacht habe.« Er nimmt Iras Gedanken auf und versucht diesmal nicht, sein Verhalten mit kaputten Propellerflügeln zu erklären; aber ich bin zu versessen darauf, den Aufräumplan durchzusetzen, um dies entsprechend zu würdigen.

»Jason, wir brauchen dich beim Aufräumen. Und zwar jetzt sofort.«

»Ich bin eingesperrt.«

»Du kommst jetzt sofort da raus!«
Meine Hartnäckigkeit läßt ihn wieder auf seine alte Schutzmaßnahme zurückgreifen. »Mein Propeller ist kaputt.« Er ist den Tränen nahe. »Ich muß ihn wieder ganz machen, das weißt du doch: Ich bin eingesperrt, ich hab's dir doch erklärt!«
»Nein, du kannst da rauskommen«, murrt Joseph, der nicht mit ansehen kann, daß ein anderes Kind noch spielt, wenn er schon aufgehört hat. »Hier, Jason. Hier ist der Schlüssel. Ich habe ihn gefunden. Ich befreie dich.«
Jason kommt heraus, mit zögernden Schritten, und starrt Joseph an, der bereits damit angefangen hat, die Wand abzubauen. Die Lösung ist logisch und ganz typisch für einen kindlichen Geschichtenerzähler.
Selbstverständlich kommen wir auch nicht ohne die Geschichten von erwachsenen Geschichtenerzählern aus. Die Gedichte und Texte guter Kinderbücher prägen sich uns in jungen Jahren ein, und wir können sie uns immer wieder ins Gedächtnis rufen, unser ganzes Leben lang.
Arlene zitiert die Mutter aus Robert McCloskeys *Das kleine Entlein*. »Hab keine Angst, ich weiß genau, wie man Kinder großzieht«, sagt sie bei einer kleineren Meinungsverschiedenheit in der Puppenecke. Und sie hätte hinzufügen können: »Das ist bestimmt genau der richtige Platz, um kleine Entlein auszubrüten.«
»Und eine ruhige ältere Dame, die ›Leise, leise!‹ flüstert«, murmelt Eli in einer Jagdhütte. »Pssst — eine ruhige ältere Dame, die ›Leise, leise!‹ und ›Pssst‹ flüstert; eine ruhige ältere Dame flüstert ›Leise, leise!‹« Diese Zeile aus *Der Mann im Mond* von Margaret Wise Brown ruft genau die Stimmung hervor, die Eli braucht, während er alleine dasitzt und aus Pappe Pfeil und Bogen bastelt.
Diese kleinen, wortwörtlich übernommenen Versatzstücke

aus Büchern schweißen die Gruppe enger zusammen. Die Kinder wissen, daß eine Redewendung aus einem Lieblingsbuch, passend eingesetzt, die Macht hat, angenehme Erinnerungen an eine bestimmte, ihnen allen bekannte Welt wachzurufen. Dabei trifft die Gruppe selbst die Entscheidung, ob eine Redewendung angemessen ist.

Drei Zeilen aus *Im Wald* von Marie Hall Ets werden von Lilly und Edward so häufig in Übergangsphasen wiederholt, daß sie zu einem Signal werden, mit dem der Beginn einer neuen Aktivität angekündigt wird. »Geh' nicht fort! Ich jage dich an andrem Ort!« — »Das Spiel hat jeder jetzt gespielt.« — »Unser Baby ist doch keine Last.«

Der letzte Satz stammt von einem Känguruhpärchen, und ich ertappe mich selbst dabei, wie ich ihn benutze, als ich eigentlich sagen will: »Entschuldigung, daß ich unterbreche, aber das Singen macht euch bestimmt genauso Spaß wie das Bauen mit den Klötzen.«

Simon stürzt mindestens einmal pro Woche aus seinem Eichhörnchenbau und brüllt: »Christopher Robin macht hoppladi hopp!« Simons Wiederholung der Verse von A. A. Milne zaubert ein Lächeln bei allen Kindern hervor, die ihn hören, und manchmal antwortet sogar eines von ihnen mit dem nächsten Vers oder ruft uns in Erinnerung: »Das haben wir an Alex' Geburtstag gemacht.«

Die Kultur, die in einem bestimmten Klassenzimmer entsteht, kann man nur entdecken, indem man den Kindern zuhört. Wendungen aus bekannten Büchern sind natürlich leicht zu erkennen, aber andere Zusammenhänge müssen manchmal erst ausagiert werden, bevor man sie versteht.

»Ich bin eine Fussel«, spricht Arlene.

»Eine Wollfussel?«

»Nein, eine Fussel«, antwortet sie und gibt nichts weiter preis.

Doch als die Geschichte aufgeführt wird, sagt sie: »Ich brauch' einen Papa«, und dann pustet sie sich selbst vom Mantel des Vaters.
Die Rollen, in die Kinder schlüpfen, müssen nicht begründet werden. Die Kinder sind sogar ernsthaft erstaunt, wenn jemand meint, daß eine Erklärung oder eine Rechtfertigung notwendig sei. »Warum bist du immer das Baby?« ist eine Frage, die für ein Kind keinen Sinn ergibt. Als Jason sich erkundigt hat, warum Alex ein Löwe ist, hinterfragte er damit nicht etwa die Vorstellung, daß Alex ein Löwe ist. Er wollte vielmehr wissen, woher Alex *weiß*, daß er der Löwe ist.
Dana ist beim Spielen die große Schwester oder der Babysitter, aber in ihren Geschichten ist sie das Baby. Edward spielt zwischen den Bauklötzen den Superhelden, doch in den Geschichten ist er der Schurke, der umgebracht wird. Simon hingegen ist selbstverständlich, wo immer das möglich ist, das Baby-Eichhörnchen.
Seine Mutter klagt: »Was? Schon wieder eine Eichhörnchen-Geschichte?« Und Edwards Mutter ist besorgt: »Warum wirst du immer umgebracht?«
Doch bei den Kindern findet diese Entscheidung uneingeschränkten Beifall. Sie bevorzugen Schauspieler, die sich auf eine bestimmte Rolle festgelegt haben. Wenn ein Geschichtenerzähler ein Baby-Eichhörnchen braucht, kann er sich an Simon wenden. Und das Ritual von Edwards täglichem Tod untermauert den sicheren Glauben daran, daß ein Schurke als guter Held wieder lebendig werden kann, wann immer er will. Jasons Wunsch, ein Hubschrauber zu sein, wird als logisch und vorteilhaft angesehen. Die Kinder schätzen es, wenn sie wissen, wer jemand ist.
Die Sichtweise der Erwachsenen deckt sich in den seltensten Fällen mit dem, was in den Kindern vorgeht; wird ein Gedan-

kengang jedoch auf kindgemäße Art dargestellt, stößt er auf spontanes Verständnis und findet großen Anklang.

»Kinder, es tut mir leid, aber ich muß wieder einmal über das leidige Aufräumen sprechen. Manche gehen in das Bücherzimmer, bevor sie geholfen haben.«

»Wir sollten eine Falltür bauen«, schlägt Joseph vor.

»Gut. Stellen wir uns vor, daß hier eine Falltür ist.«

»Nein, es muß eine *echte* sein. Ich mache eine.« Er nimmt ein großes Stück Malpapier und malt darauf ein Labyrinth aus Linien und Pfeilen.

»Tu den Teil mit dem Schloß hierher«, befiehlt Alex.

»Laß mich die Treppen machen — oder soll es eine Rutsche werden?«

»Ja, gut, Samantha, du baust die Rutsche, und dann rutscht der Böse hier runter.«

»Ich mach' das Teil mit dem Kerker«, bietet Edward an. »Und einen Schlüssel.«

Die Kinder breiten ihre Bilder auf dem Boden des Bücherzimmers aus, und Joseph gibt bekannt: »Wer hier reingeht, ohne daß er aufgeräumt hat, der fällt durch die Falltür.«

Niemand sagt: »Da ist doch keine Falltür.« Es herrscht der spontane Wunsch, der Phantasie Glauben zu schenken und in Josephs Geschichte von der Falltür mitzuspielen. Die Kinder beeilen sich mit dem Aufräumen und erstatten dann Joseph, dem Chef des Aufräumprojekts, Bericht.

»Ich bin gerade eben hier runtergerutscht, Joseph, aber ich hab' schon einen Tisch abgewischt, in Ordnung?«

»Ich hab' hundert Bauklötze weggeräumt, darf ich gehen?«

Joseph läßt jede Behauptung gelten. »Ich hab' das Papier aufgehoben« erhält das gleiche zustimmende Lächeln wie: »Ich habe sechzehn große Bretter geschleppt.« Wir haben weder hundert Bauklötze noch sechzehn Bretter, aber das macht nichts. Die Kinder haben das Problem eines Erwachsenen selbst in die Hand genommen und arbeiten eigenständig an der Lösung. Vielleicht kommt nur eine Scheinlösung dabei heraus, eine Eintagsfliege, aber ein Tag ist alle Zeit der Welt, und morgen gibt es dann eine neue Geschichte.

Alle versammeln sich im Geschichtenzimmer, um ihre Geschichte aufzuführen. »Kommt mit mir, Kinder«, fordere ich sie auf. »Ihr seid mit dem Aufräumen noch nicht ganz fertig, aber der Anfang war schon sehr gut.«

Die Kinder folgen mir und sehen sich neugierig um, während ich jedem von ihnen bestimmte Aufgaben zuweise. Es regt sich kein Widerspruch; die Zeit ist reif, sich auf die Wirklichkeit der Lehrerin einzulassen.

Als wir dann wieder im Geschichtenzimmer sind, sagt Edward zu Joseph: »Erinnerst du dich noch, wie toll wir aufgeräumt haben, als es die Falltür gab?«

»Ja, das war toll! He, Jason, du hast was Tolles verpaßt, weißt du das?« Jason hat sich weder am gespielten noch am echten Aufräumen beteiligt. »Mein Propeller ist kaputt«, sagt er. »Ich muß ihn jetzt reparieren.«

* * *

Immer wenn ich darüber nachdenke, wodurch sich die einzelnen Kinder voneinander unterscheiden, bin ich ganz begeistert von meinem Beruf. Ohne die Einzigartigkeit jedes Kindes wäre der Lehrberuf für mich langweilig und monoton. Jeden Tag, nachdem die Kinder gegangen sind, machen meine Assistentinnen und ich so schnell wie möglich sauber, damit uns noch genügend Zeit bleibt, unsere Entdeckungen auszutauschen. Gail und Trish warten inzwischen auch nicht mehr, bis ich den Anfang mache.

»Hast du gesehen, wie Arlene bei dem Murmelspiel gezählt hat? Sie hat dabei die blauen ausgelassen, denn ›die wollen lieber extra gezählt werden‹.«

»Was ist das mit Jason und den Farben? Ich bin mir ganz sicher, daß er die Farben kennt, aber jedesmal, wenn ich ihn frage, warum er seine Hubschrauber immer lila malt, antwortet er mir, sie seien grün und gelb.«

»Aber Joseph verwirrt mich genauso«, füge ich hinzu. »Du kennst doch das Spiel mit den Pfeilen, das ich erfunden habe? Als ich es auf den Tisch gelegt habe, kam Joseph angerannt und sagte: ›Das kenne ich schon. Das brauchst du mir nicht zu erklären.‹ Natürlich hat er dann nicht mitgekriegt, wie es geht, und mußte erst zweimal Arlene und Samantha zusehen, bis er es kapierte.«

»Ihr habt da etwas nicht mitgekriegt. Nach der Frühstückspause hat sich Jason das Spiel geschnappt, es auf seinen Flughafen gelegt und die Pfeile als Propellerflügel benutzt.«

»Mhmm, interessant. Er wollte sich nämlich das Spiel partout nicht von mir erklären lassen.«

Wir sprechen über Überraschungen, selten über Gewißheiten. Wir haben das Bedürfnis, über das zu reden, was wir nicht verstehen; was nicht so geklappt hat, wie wir es uns vorgestellt haben. Meine Assistentinnen sind relativ neu in diesem Beruf, und sie haben mir bestätigt, daß folgende Fragestellung ein sinnvoller Zugang zu dem Thema sein kann: »Was haben wir heute herausgefunden, was wir gestern noch nicht wußten?« und: »Worauf wissen wir keine Antwort?«

Gail und Trish füllen ihre Taschen mit Notizzetteln, auf denen sie die »guten« Ereignisse festhalten, die auf Mißverständnisse hinweisen und darauf, wie sie entstanden sind.

»Erinnert ihr euch an Edwards Geschichte, in der ein alter Mann schaukelt und schaukelt und schaukelt, und du hast gedacht, er meint einen Mann in einem Schaukelstuhl?« fragt mich Gail.

»Hat er das denn nicht gemeint?«
»Nein, er meinte, daß der Mann mit einer Schaukel so hoch schaukelt, daß er über die hohe Mauer springen und sich befreien kann.«
»Wie hast du das herausgefunden?«
»Ich habe ihm bei den Bauklötzen zugehört. Dort hat er zu Eli gesagt — Moment, ich habe gleich den richtigen Zettel —: ›Stell dir vor, du schaukelst und schaukelst, und dann schaukelst du ganz hoch, und dann kannst du von der Schaukel über die hohe Mauer springen, und du bist frei.‹«
Trish nickt. »Gail hat recht. Deine Bemerkung, Vivian, hat ihn ganz aus dem Konzept gebracht. Er zweifelte plötzlich an seinem gesunden Menschenverstand. Er wußte genau, daß er keinen Schaukelstuhl meinte, aber du warst so sicher, daß das Schaukeln etwas mit einem Stuhl zu tun hat, daß er vergessen hat, warum er so vorsichtig aufgestanden ist, als er diesen Satz vorspielte.«
»Was genau habe ich denn gesagt?«
»So etwas wie ›Fällt er denn im Stehen nicht von dem Stuhl?‹«
Zu Hause höre ich mir das Tonband an und schreibe den genauen Wortlaut meiner Bemerkung ab. »Bist du sicher, daß er das auf dem Stuhl tun kann?« Auf diese Frage hin hat sich Edward verblüfft gesetzt und dann seine Verwirrung damit überspielt, daß er sich hinfallen ließ.
Am nächsten Tag gehe ich zu Edward und sage: »Mrs. Taylor hat mich darauf aufmerksam gemacht, daß ich in deiner Geschichte einen Fehler gemacht habe, und nachdem ich mir das Tonband angehört habe, sehe ich ein, daß sie recht hatte. Ich habe einen großen Fehler gemacht.«
»Was für einen?«
»Nun, du hast gesagt, er schaukelt und schaukelt, und ich dachte, du meinst einen Schaukelstuhl damit.«
Er lächelt. »Warum hast du das gedacht?«

»Wahrscheinlich habe ich nicht genau genug zugehört. Und ich hatte Angst, daß du runterfällst.«
»Ich mußte so wild schaukeln. Ich war gefangen!«
»Jetzt habe ich verstanden, Edward, danke.«
So viel Zeit muß man aufwenden, um hinter die genauen Bedeutungen der Worte und der Geschichten zu kommen. Die Kinder wissen, daß das Erklären von dem, was wir tun und sagen und lesen und spielen, ungeheuer wichtig ist. Alles muß einen Sinn ergeben; tut es das nicht, dann frage nach, wiederhole es, versuche herauszufinden, warum das Bild unklar bleibt. Die Zahl der Möglichkeiten, sich falsch zu verstehen, ist erstaunlich groß. Und ist das nicht ein glücklicher Umstand? Das heißt doch, daß uns das Lehrmaterial nie ausgeht, daß wir immer etwas zu fragen haben. Wir müssen lediglich auf unsere eigenen Irrtümer achten, und schon haben wir genug Stoff, ein ganzes Schuljahr zu füllen.
Nach der Schule berichte ich meinen Assistentinnen: »Ich habe Edward von meinem Fehler mit dem Schaukelstuhl erzählt.«
»Was hat er gesagt?« fragt Trish.
»Er hat gelächelt. Er wußte genau, daß ich falsch lag. Ich nehme an, er wußte einfach nicht, wie er mich gleich an Ort und Stelle korrigieren sollte. Also ließ er sich hinfallen und hat verrückt gespielt... Übrigens, Gail, machst du dir Notizen über alle Geschichten?«
»Nur wenn ich über sie noch sprechen will«, antwortet sie.
»Für mich reicht das nicht. Ich muß alle aufschreiben«, sage ich. »Wenn ich sie nicht aufschreibe, kriege ich nicht heraus, was sie bedeuten. Darüber reden reicht mir nicht.«

* * *

»Kommt ein Hubschrauber in deiner Geschichte vor?« Es ist Jason, der da das Wort ergreift. Er verblüfft mich. Die Frage ist an Arlene gerichtet, die gerade mit einer Geschichte über ein kleines Mädchen, eine Mutter und ein Krokodil angefangen hat.

»Kommt ein Hubschrauber drin vor?« fragt Jason noch einmal. Er sitzt uns am Tisch gegenüber und malt mal wieder ein Hubschrauberbild, das wie die anderen auch auf den großen Stapel vor ihm wandern wird. Jedesmal, wenn er eines fertig hat, schwingt er es über den Kopf und läßt es dann auf den Papierstapel fallen. Jetzt hält er eines hoch über seinen Kopf und fragt zum drittenmal: »Kommt ein Hubschrauber in deiner Geschichte vor? Ist er zu laut?«

Endlich reagiert Arlene. Sie wirkt genauso überrascht wie ich. Jason hat sich die Frage ausgeliehen, die sonst ich jeden Tag stelle, wenn er die Geschichten stört; doch er kommt dem Konflikt zuvor, und das auf völlig neue Art. Er geht um den Tisch herum und läßt sein Bild auf Arlenes Geschichte fallen. »Er landet schon. Ich hab' den Motor ausgemacht.«

Jason hat aus eigenem Antrieb einem anderen Kind sein Symbol überreicht, um nach Gutdünken damit zu verfahren. Und zusätzlich hat er auch noch eine völlig neue Idee aufgebracht — noch nie hat jemand in dieser Klasse eine Rolle für die Geschichte eines anderen vorgezeichnet. Diese Idee kann um sich greifen oder einmalig bleiben. Die Gruppe wird über ihre Nützlichkeit entscheiden.

Arlene entscheidet sich, das Bild in ihrer Geschichte zu verwenden, und sie gestattet Jason, das Bild zu halten, als es »vor dem Fenster landet«.

»Der Hubschrauber ist nach unten geschlichen«, sagt Jason. »Dann ist er gelandet.«

Es ist Jasons Vorstellungskraft, die beginnt, nach unten zu

schleichen, wo die Kinder sind; er pirscht sich langsam an, von Redewendung zu Redewendung, von Geschichte zu Geschichte, auf eine Rollbahn zu, die von der ganzen Klasse gebaut worden ist.

Von einem Jungen, der manchmal ein Hubschrauber ist, kann allerdings nicht erwartet werden, daß er seinen Propeller in der gleichen Weise rotieren läßt wie, sagen wir, jemand, der Falltüren und magische Schlüssel erfindet. Falltüren und Schlüssel nehmen Leute gefangen und befreien sie; rotierende Propellerflügel halten andere Leute normalerweise nur fern. Und es ist weitaus leichter, ein Bild herzugeben und eine Redewendung auszuleihen, als sich auf eine Freundschaft einzulassen.

Am nächsten Tag macht Jason einen Rückzieher. Vielleicht hat er das Gefühl, daß er sich zu schnell vorwagt, daß er Boden aufgibt, ohne sich auf dem neuen Territorium wirklich sicher zu fühlen.

»Ich will immerzu sein der Hubschrauber, ich muß, du sagst immer, daß ich das nicht sein soll!« beklagt er sich wütend bei mir.

»Ich habe nicht gesagt, daß du kein Hubschrauber sein sollst, Jason. Aber Simon hat dich gefragt, ob du nicht in seinen Eichhörnchenbau kommen willst, und ich habe gedacht, du hast ihn nicht gehört, weil du ihm keine Antwort gegeben hast.«

»Weil der Eichhörnchen-Junge draußen vor dem Fenster ist!« schreit Jason.

Es dauert einen Augenblick, bis Simon versteht, was Jason damit sagen will. Dann schreit er: »Ich bin nicht draußen! Sag nicht, daß ich draußen bin!« Jetzt ist Simon böse, und Jason scheint sich zu wundern, daß seine spielerische Bemerkung eine so heftige Reaktion auslöst.

»Der Eichhörnchen-Jemand ist draußen«, wiederholt Jason mit rotem Gesicht und einem verkrampften Lächeln.
»Ich hasse dich, Jason! Du bist nicht mehr mein Freund!« weint Simon, und Jason wendet sich rasch ab. »Mein Propeller ist kaputt.«
»Es tut mir leid, daß Jason dich zum Weinen gebracht hat, Simon«, sage ich und gebe ihm ein Taschentuch. »Vielleicht hat er nicht gedacht, daß es dir so viel ausmacht, wenn er das sagt.«
»Doch, er hat gewußt, daß mir das was ausmacht! Er darf nicht zu meinem Geburtstag kommen!« Simon wirkt erleichtert, nachdem er diese schlimmste aller Drohungen ausgestoßen hat, doch Jason weiß noch nicht, was das bedeutet.
Oder vielleicht doch. Seine Geschichte ist heute von einer anderen Stimmung geprägt, sie zeigt seine Verwirrung.

Da ist ein Kein-Hubschrauber in meiner Geschichte. Ein Nicht-Hubschrauber. Es ist ein Nicht-Flugzeug. Mein Hubschrauber ist da drinnen. Der Hubschrauber geht hoch, steigt in den Himmel. Dann boing! Dieser Hubschrauber. Boing! Dann repariere ich ihn. Eine Nicht-Flugzeug-Geschichte.

Jason will nicht zulassen, daß sein Hubschrauber sich allzu gut einfügt. Als ich nachher im Geschichtenzimmer den Fehler mache, ihm für sein kooperatives Verhalten zu danken, erinnert er mich jäh daran, daß ich das keineswegs als selbstverständlich hinnehmen darf.
Gerade habe ich angefangen, Alex' Geschichte vorzulesen: »Sie handelt von einem Löwen und einem Affen und zwei Bösen...«
»Wuuuuhuuuuu-wuuu-wuuuuh!«
»Hör auf damit, Jason! In der Geschichte kommt kein Hubschrauber vor.« Ich lese weiter. »Und der Löwe geht...«

»Brrrrrraaarrrraaaah!«
»Alex, kommt in deiner Geschichte ein Hubschrauber vor?«
»Nein!«
»Wuuuuuuuhuuuuuh-wuuuh-wuuuuuuh!«
»Jason, hör jetzt auf!«
Jason rennt zum Fenster. »Doch, ich hör' ihn. Er ist in der Geschichte. Ein Hubschrauber, ein Hubschrauber!«
»Nein. Sag das nicht in meiner Geschichte!«
»Ooooooh-oooooh. Schau!«
»Nein, es ist *meine* Geschichte, Jason!«
»Der Propeller fängt an, sich zu drehen!«
Alex läuft rüber zu Jason und gibt ihm einen leichten Schubs.
»Warte, Alex«, greife ich ein. »Laß uns mit der Geschichte weitermachen. Jason ist im Moment so aufgedreht, daß es ihm schwerfällt aufzuhören. Komm her. Er hört bestimmt gleich auf. Ich lese einfach ganz laut, einverstanden?«
Wir schaffen es, die Geschichtenzeit zu überstehen. Die Kinder stören sich an Jasons Ausbrüchen nicht so sehr wie ich. Nach Alex' anfänglichem Ärger scheinen jetzt sogar alle ebenso stark an der Geschichte interessiert zu sein wie an Jasons Absicht, sie zu unterbrechen.
Die Kinder verfügen über zuverlässigere und einfallsreichere Möglichkeiten, mit ihren Frustrationen fertig zu werden, als ich. Gegen Mittag, als ich die Farbbecher auswasche und Trish und Gail mit den übrigen Kindern auf dem Spielplatz sind, zerreißen Alex und Arlene Jason buchstäblich in tausend Stücke.
Sie spielen allein an dem Tisch mit dem Sand und planen Jasons Ende. Ich höre den ersten Teil ihrer Phantasie, als ich die Farbbecher einsammle; den für mich überraschenden Schluß nimmt dann mein Tonband auf: Jason kehrt als ihr Baby auf die Erde zurück.

Arlene: In fünf Minuten wird das Taschentuch ein Zaubertaschentuch. Ich habe es naß gemacht. Sind die fünf Minuten schon um?

Alex: Ist es so etwas, was ich mit Simon gemacht habe? Daß man etwas im Sand vergräbt, und dann ist alles vergraben, und mit einem Zauber macht man, daß alles darin Zauberwerkzeug wird?

Arlene: Um Leute wegzusprengen?

Alex: Um Jason wegzusprengen. In den Himmel. Weil er uns immer noch bekämpft, sogar mich im Geschichtenzimmer.

Arlene: Taschentuch in den Sand. Wird er dann weggesprengt?

Alex: In tausend Stücke.

Arlene: Von der ganzen weiten Welt.

Alex: Laß uns die ganze Sandkiste hochheben. Hilf mir mal. Superman kann die ganze Schule hochheben und wegtragen, und wir fallen alle dabei in den Fluß.

Arlene: Wir nicht, oder? Aber alle andern. Und unsere Mama und unser Papa auch nicht. Vielleicht nur Jason?

Alex: Und Joseph. Und Petey. Simon nicht. Spreng sie im Hubschrauber in tausend Stücke. Bring sie her! Das ist der Hubschrauber.

Arlene: Sie werden zu Pommes gesprengt, und dann essen wir sie auf. Samantha und Katie aber nicht.

Alex: Ich kann es gar nicht erwarten. Wir machen es gleich. Zuerst sprengen wir Jason in die Luft.

Arlene: Und dann machen wir ihn wieder ganz, ja? Und dann ist er unser Baby. Unser neues Baby.

Alex: Ja, und ich bin der Superpapa, und du die Supermama.

Die Bedeutung von Rollenspielen kann gar nicht hoch genug eingeschätzt werden, wenn es darum geht, das Gleichgewicht wiederherzustellen und unnötigen Ballast abzuwerfen. Dies ist die Schlußfolgerung, die ich ziehe, als ich am nächsten Tag Trish und Gail die Abschrift der Sandkasten-Aufnahme vorlese.

»Ohne dein Tonband wüßtest du nichts von dem entzückenden Ende der Geschichte«, bemerkt Trish.

»Ich wette, es gibt unendlich viele solcher optimistischen Schlüsse, und wir haben nur nie die Gelegenheit, sie auch zu hören«, sage ich. »Das sollte uns sehr vorsichtig machen, wenn wir etwas beurteilen.«

»Da du gerade von Beurteilen sprichst — warum hast du zugelassen, daß Jason gestern dauernd die Geschichte unterbrochen hat?«

»Ich habe es nicht *zugelassen*. Ich konnte ihn einfach nicht davon abhalten. Die Kinder haben das mitgekriegt. Sie wußten, daß ich nicht unangenehm werden wollte, nur um meine Macht zu demonstrieren.«

»Aber was ist, wenn andere Kinder auch anfangen, sich so zu verhalten?« fragt Gail. »Das macht mir wirklich Sorgen.«

»Das werden sie nicht tun. Ein Kind, das nicht anders *kann*, als zu unterbrechen, tut das eben. Die anderen sehen zu. Und vor allem beobachten sie die Lehrerin, sie wollen wissen, ob dem Problemkind auch nichts Böses geschieht. Das ist eigentlich alles, was sie interessiert.«

Trish und Gail schauen mich voller Zweifel an. »Okay. Ihr beide werdet das noch selbst herausfinden, wenn ihr eure eigenen Klassen habt. Mich hat Jasons Verhalten im Geschichtenzimmer zwar geärgert, aber ich fand es nicht schädlich. Wenn ich mit Gewalt dazwischengegangen wäre — indem ich ihn von der Gruppe getrennt oder ihn bestraft hätte —, hätte *das*

der Gruppe geschadet. Denn dann hätte ich zugegeben, daß ich zuwenig Vertrauen in die Macht der Vernunft habe und zuwenig guten Willen, um unsere Probleme wirklich zu lösen — natürlich nicht immer gleich an Ort und Stelle, aber irgendwann eben.«
»Manchmal gibt es Probleme, die nicht durch guten Willen allein gelöst werden können«, meint Trish.
»Zum Beispiel?«
»Nun, gibt es nicht Leute, die Jasons Verhalten als ›Perseveration‹ kennzeichnen würden?«
»Ich weiß beim besten Willen nicht, was jemand, der so ein Wort benutzt, eigentlich über Jason aussagt«, entgegne ich. »Übrigens kommt dieses Wort ja aus dem Lateinischen, da heißt *perseverare* ›beharren auf, standhaft bleiben‹. Der Begriff, der ein pathologisches Verhalten beschreibt, hängt also ganz eng mit einem Wort zusammen, das eine große Tugend ausdrückt.«
Gail blättert bereits im Wörterbuch. »Hier, ›Perseveration: Fortführung von etwas bis zu einem ungewöhnlichen Grad oder über den gewünschten Punkt hinaus; Verweilen bei ein und demselben Denkinhalt‹.«
Trish sieht bestürzt aus. »Dann ist das alles nur eine Frage der Semantik? All diese Begriffe, die ich gelernt habe, sind im Grunde beliebig, mal positiv und mal negativ? Ich meine, behindert so ein Problem ein Kind denn nicht in seiner Entwicklung?«
»Sieh mal, Trish, ich habe wenig Vertrauen zu deiner Liste mit sogenannten Lernbehinderungen. Vor allem aber passen diese Kategorien nicht in einen Unterricht, in dem die Kinder als Geschichtenerzähler ernst genommen werden. Denn diese Kategorien sagen nichts über die Phantasie. Ein Geschichtenerzähler ist immer in der besseren Position; wenn man es durch

seine eigenen Geschichten kennengelernt hat, rückt das ein Kind immer ins vorteilhafteste Licht.«

Trish springt auf. »Natürlich! Ich weiß genau, was du meinst. Wie könnte ein Geschichtenerzähler auch langsam oder schnell sein?«

Gail lacht. »Die Kinder sind ja keine Rennpferde, die von uns dazu gebracht werden sollen, langsamer oder schneller zu laufen.«

»Ganz genau«, füge ich hinzu. »Eine Lehrerin sollte Begriffe wie *langsam* oder *schnell* am besten ganz aus ihrem Wortschatz streichen.«

»Na, dann brauche ich mir wenigstens über diesen Punkt nicht mehr den Kopf zu zerbrechen«, meint Trish und lächelt mich an.

* * *

Die Sandkistenphantasie mag befriedigend gewesen sein, doch offensichtlich muß Alex seine Position zu Jason noch dauerhafter bestimmen. Am nächsten Vormittag erzählt er diese Geschichte:

Einmal, da hatten ein paar Löwen ein Baby. Und dann hat der Baby-Löwe in der Nacht geweint. Irgend etwas hat das Baby beim Schlafen gestört. Und dann wußte es, was das war. Es war was draußen, und man konnte es hören. Es war ein Hubschrauber da draußen, und der Baby-Löwe konnte nicht schlafen. Da haben sie ein neues Gesetz gemacht: Kein Hubschrauber darf nachts mehr kommen. Ende.

Im Geschichtenzimmer sage ich: »Jason, ich muß dir etwas in Alex' Geschichte zeigen. Ich weiß, daß du nicht lesen

kannst, aber ich deute auf die Wörter und sage dir, was sie heißen.«
Jason kommt sofort: das ist etwas Neues, was er bei der Lehrerin noch nicht erlebt hat. »Schau hier, wo mein Finger ist. Da heißt es: ›Sie haben ein neues Gesetz gemacht: Kein Hubschrauber darf nachts mehr kommen. Ende.‹«
»Zeig mir das noch mal«, verlangt Jason.
»Ich will es auch sehen«, rufen mehrere Kinder. Ich bitte Alex, das Papier zu nehmen und es allen zu zeigen. Er hält die Geschichte jedem Kind unter die Nase und tut so, als könne er sie lesen: »Kein Hubschrauber darf nachts mehr kommen. Ende.«
Ich wiederhole die Geschichte von Alex noch einmal und lege sie dann zu den anderen Geschichten auf meinen Schoß. »Als erstes kommt heute Jasons Geschichte dran«, sage ich, und er stolpert zu der Mitte des Teppichs.
»Meiner geht kaputt, so daß das Baby nicht aufwacht«, erzählt er mir. Dann wiederholt er seine ganze Geschichte, ehe ich sie vorlesen kann. »Meiner hat Propeller, und manche sind ein Ypsilon und manche ein X.« Er formt die Buchstaben mit Fingern und Händen und saust dabei in rasendem Tempo mit ungeheurer Lautstärke herum. »Krach!« ruft er und läßt sich flach auf den Boden fallen. Dann geht er wieder zu seinem Stuhl zurück und unterbricht nicht ein einziges Mal die folgenden Geschichten. Allerdings kommt er mehrmals, um sich Alex' Gesetz noch einmal anzusehen.
Am nächsten Vormittag legt Jason seinen Finger unten auf das Blatt und sagt: »Mein Gesetz steht hier.«
»Was ist dein Gesetz?«
»Ein Hubschrauber.«
»Ein Gesetz über Hubschrauber?«
»Das Gesetz ist der Hubschrauber.«
Ich schreibe das Wort »Hubschrauber« ungefähr zwei Zenti-

meter über dem Rand in die rechte untere Ecke. »Mal mein anderes Gesetz hierher.« Er zeigt auf die Mitte der Seite.
»Was für ein Gesetz?«
»Hubschrauber.«
»Willst du lieber ein Bild von einem Hubschrauber malen, oder soll ich es hinschreiben?«
»Ein Bild kann kein Gesetz sein. Und eins hierhin, und eins hierhin, und hierhin.« Schließlich hat mir Jason noch sechs weitere Stellen gezeigt, wo ich das »Gesetz« aufschreiben soll. Dann fängt er wieder mit seinem Hubschrauberbrummen an und deutet mit dem Finger auf jedes einzelne Wort, während er den Motor anwirft.
»Was tut Jason da?« fragt Joseph mich und gibt Jasons Hubschrauber, der auf dem Tisch steht, einen leichten Schubs. »Warum sieht denn seine Geschichte so aus?«
Bevor ich noch antworten kann, fängt Jason schon an zu wimmern und zieht an Josephs Hand. »Faß meinen Hubschrauber ja nicht an!«
»Mmmmmm«, summt Joseph leise. »Mmmmmmm, ich schau ihn mir ja nur an, mmmmmmm.« Ganz vorsichtig beginnt er, den Propeller zu drehen. Ich sehe beklommen zu; niemandem ist es erlaubt, mit dem Hubschrauber zu hantieren.
»Mmmmmm, pschschsch, hier fliegst du, mmmmmm.«
»Er ist kaputt. Ich muß ihn reparieren«, schreit Jason und stößt Joseph weg.
»Kannst du mir zeigen, wie?« fragt Joseph sanft. »Macht er mmmmmmm?«
Jason entspannt sich. »Er kann jetzt gar nichts machen. Ich habe kein Benzin reingetan.«
»Pschschsch, mmmm, hier ist Benzin, lieber, kleiner Hubschrauber«, spielt Joseph weiter, tut so, als würde er mit einem

Schlauch Benzin einfüllen und läßt die Hand am Hubschrauber. »Wo sind die Räder?«
»Hier drunter«, sagt Jason. Er sieht aus, als würde er mühsam einen Schrei unterdrücken, während Joseph sich weiterhin an seinem Hubschrauber zu schaffen macht.
»Mmm, he, Jason, mmmm, willst du nicht in mein Haus, mmmm, mich besuchen kommen, mmmmm, geh hier entlang, mmmm, ja hier, mmmm, pschschsch, mmm, hier sind wir, mmmm, ganz ruhig, ganz ruhig, mmmm.« Es ist ein Hubschrauber-Schlaflied. Alle am Tisch sehen mucksmäuschenstill zu; es ist ein inniger, zärtlicher und wohltuender Moment.
»He, Joseph! Komm mal her!« unterbricht Alex lautstark. »Schau, was ich mitgebracht habe!«
»Ich muß gehen, Jason. Hier ist dein Hubschrauber.«
Jason starrt Joseph nach, der in einem Schlangennest verschwindet. Dann wendet sich Jason wieder dem Blatt mit seinen Gesetzen zu. »Und dann das Ende. Hier. Wo er landet.«
»Ich glaube, ich weiß, wie deine Geschichte geht, Jason. Du kannst überall landen, wo Hubschrauber steht, ja?«
»Das ist das Gesetz«, bestätigt er.
»Das Gesetz sagt, daß man überall dort landen muß, wo Hubschrauber steht. Willst du auf dem Papier oder auf dem Teppich landen?«
»Auf dem Gesetz.« Er schnappt sich seine Hubschraubergeschichte und verschwindet in seinem Flughafen. »Faß ja meinen Hubschrauber nicht an, Joseph«, warnt er. »Faßt du ihn noch mal an?«
»Nein, mach' ich nicht.«

Jason und sein Hubschrauber sind ein faszinierendes Paar. Er weiß genau, daß er Jason ist und kein Hubschrauber, aber manche Situationen, in denen er von vielen Menschen umgeben ist, scheinen für ihn so bedrohlich zu sein, daß die Grenzen verschwimmen. Die Unterscheidung ist kein Problem für ihn, wenn er seine eigene Geschichte ausagieren und ein Hubschrauber sein kann; doch die sich ständig verändernden Bühnengeschichten seiner Klassenkameraden verwirren und ängstigen ihn; in der Bauklotzecke, wo ihn ein echter Schutzwall gegen die Phantasien der anderen abschirmt, geschieht das selten.

Der Unterschied zwischen dem Geschichtenzimmer und der Bauklotzecke scheint eine Frage des Territoriums zu sein. Sobald seine Geschichte ausagiert ist, kann Jason keinen privaten Landeplatz mehr sehen, berühren oder verteidigen. Vielleicht hat er sich deshalb dafür entschieden, seinen Hubschrauber auf dem Papier landen zu lassen und das Blatt, auf dem die Geschichte steht, mit sich herumzutragen.

Ich zerbreche mir nicht den Kopf darüber, was der Hubschrauber letztlich für Jason darstellt; meine Aufgabe ist es herauszufinden, wie dieses Symbol es fertigbringt, ihm in unserem Klassenzimmer ein Gefühl von Sicherheit zu vermitteln.

In der Zwischenzeit befassen wir uns mit dem augenblicklichen Problem, um eine Regelung zu finden, die zumindest für heute gilt. Ich erzähle, was ich denke, die Kinder erzählen, was sie denken; und unser gemeinsames Interesse daran, was Jason denkt, ist erst einmal eine gute Entschädigung, bis wir das Problem endgültig aus der Welt schaffen können.

Wir können niemals vollständig die zentrale Problematik eines jeden Kindes entdecken oder eine Umgebung schaffen, in der sich alle Kinder vollkommen sicher fühlen. Aber wir können ihnen den Prozeß der Lösungssuche aufzeigen. Das ist der Punkt, an dem das Lernen zum Lehren wird.

»Jason, manchmal rennst du immer noch auf die Bühne, auch wenn du gar nicht dran bist.«
»Mein Propeller dreht sich.«
»Ich habe den Eindruck, als ob sich dein Propeller im Geschichtenzimmer häufiger dreht als bei den Bauklötzen drüben.«
»Weil er dort einen Flughafen zum Landen hat«, erklärt Samantha.
»Ist das der Grund dafür?« frage ich nach, um ganz sicherzugehen.
»Ja, das ist wirklich der Grund«, behauptet Joseph. Er scheint sich seiner Sache ganz sicher zu sein. »Du bist doch traurig, daß du hier keinen Flughafen hast, auf dem du landen kannst? Und gelandet bleiben kannst?«
Jason überrascht diese Frage, doch Joseph interpretiert sein Schweigen als Zustimmung. »Siehst du, was hab' ich gesagt. Er ist traurig, weil hier kein Flughafen ist. Sein Hubschrauber braucht einen.«
»Hat Joseph recht, Jason? Wenn hier ein Flughafen wäre, würde dein Hubschrauber dann landen und stehenbleiben? Die Kinder denken, das wäre so.«
»Ja«, antwortet Jason zögernd. Er kann den Schlußfolgerungen des Gesprächs nicht ganz folgen.
»Das Problem ist nur«, erinnere ich alle Anwesenden, »daß das Zimmer hier so klein ist. Es gibt eine Regel, daß man keine Bauklötze hier hereinbringen darf.«
»Laß ihn wenigstens einen kleinen Flughafen bauen«, schlägt Arlene vor. »Mit nur zwei Bauklötzen.«
»Ja, das will ich.« Jasons Gesicht strahlt erwartungsvoll. »Mit zwei Klötzen.«
»Laß es ihn tun!«
»Tu es, Jason, ja, mach es so!« Die Kinder springen wild herum,

sie freuen sich. Nur wenige Erfahrungen im Klassenzimmer sind so beglückend wie die, einem Spielkameraden aus der Klemme zu helfen.

* * *

Jason bringt jetzt jeden Tag zwei große Bauklötze mit ins Geschichtenzimmer und baut dort einen »Hubschrauberlandeplatz«. Er hat den Namen auf die Bitte von Edward hin geändert.
»Nenn es Hubschrauberlandeplatz, Jason.«
»Ein Flughafen.«
»Nein, das ist es nicht. Sag Hubschrauberlandeplatz, dann sagst du es richtig.«
»Hubschrauberlandeplatz.«
»*O-kay!* Jetzt stimmt's!« Edward haut Jason kräftig auf die Schulter.
Jason mag es nicht, wenn ihn andere Kinder anfassen, doch jetzt nimmt er den freundschaftlichen Schlag ebenso gelassen hin wie die neue Bezeichnung. Eigentlich hat Jason das Wort »Hubschrauberlandeplatz« schon früher benutzt, aber daß er es in diesem Zusammenhang verwendet, zeigt eindeutig, daß er Edward einen Gefallen tun will.
Es ist eine Tatsache, daß Jason inzwischen sehr viel genauer auf die Ausdrücke achtet, die andere Kinder beim Spielen gebrauchen. Alle diese Ausdrücke kennt er zwar bereits, doch jetzt hört er sie in einem neuen sozialen Kontext, und deshalb bekommen sie eine tiefere Bedeutung für ihn. Durch das Zuhören vergrößert er jeden Tag sein Repertoire an möglichen Reaktionsweisen, weit über sein eingefahrenes Hubschrauberspiel hinaus.
»Nenn ihn Tornado«, sagt Alex zu Simon. »Ich bin Superman, und du bist Superman-Tornado.«

»Nein, ich bin ein Eichhörnchen, das sich in Superman-Tornado verwandelt hat.«

Die Jungen bauen weniger als einen Meter von Jasons Hubschrauberlandeplatz entfernt ein Schloß. »Kommt ja nicht an meinen Hubschrauberlandeplatz«, hat Jason schon dreimal gesagt. »Daß ihr ja nicht auf diesem Platz einen Tornado macht«, fügt er noch hinzu.

»Hier ist das Eisschloß. Es berührt überhaupt nichts, oder es würde einen töten. Weißt du was, Simon? Superman braucht keine Tür. Er fliegt rein, stimmt's?«

»Paß auf, paß auf, im Wasser sind Haifische!«

»Die Haifische fressen doch nicht Superman!«

Samantha kommt angerannt. »Schaut mal, ich hab hier ein Häschen, das kann ich in alles verwandeln, was ich gerade will.«

»Wir spielen Superman.«

»So, aha. Ich bin She-Ra, He-Mans Schwester. He, Jason, ich brauche diesen Bauklotz für mein Schloß.«

»Das ist meiner!« brüllt er. »Es ist mein Tornado-Klotz!«

»Gib mir doch bitte einen, nur einen, dann bin ich auch deine Freundin, ja?«

»Ja«, erwidert Jason.

»Danke, Mr. Tornado-Klotz.« Weiter tut Samantha nichts, um Jason ihre Freundschaft zu beweisen, aber Jason sieht sie neugierig an. Das war wahrscheinlich das erstemal, daß jemand in der Gruppe diese magischen Worte zu ihm gesagt hat: »Ich bin deine Freundin.«

»Mach deinen Palast nicht so nah hierher, Samantha«, sagt Alex. »Wir spielen jetzt Darkside. Er könnte dich töten.« Dabei formt er mit Daumen und Zeigefinger eine Pistole und richtet sie auf Mirka, die gerade mit Kissen und Decken zu Samantha in den Palast gekommen ist.

»Warte mal! Sie ist Wonderwoman!« ruft Samantha. »Man darf Wonderwoman nicht abknallen!«
»So! Du bist verhaftet! Laßt uns gehen, Männer! Es gibt Ärger im Westend!« Die Jungen klettern aus dem Eispalast und rennen los ins andere Zimmer.
»Hier wird nicht gerannt!« rufe ich, während ich an meinem Bericht über die Geschichten schreibe, und die Jungen verlangsamen ihr Tempo geringfügig, bis sie außer Sichtweite sind. Jason setzt sich an den Geschichtentisch und erzählt mir:
»Man darf Wonderwoman nicht abknallen!«
»Weil sie gut ist?«
»Ich weiß nicht.«
»Laß uns Samantha fragen. Samantha, warum darf man Wonderwoman nicht abknallen?«
»Weil sie eine Zauberfrau ist. Niemand kann sie umbringen.«
»Jason«, frage ich ihn. »Kennst du auch etwas, was zaubern kann?«
»Nein.« Er dreht seine Propellerflügel. »Der Tornado ist ein Zauber-Tornado.«
»Der, den Joseph gespielt hat?«
»Mein Tornado-Klotz. Ich habe einen Tornado-Klotz gemacht. Einen *Tornado*-Klotz. Er ist noch in meinem Flughafen. Tornado-Flughafen.«
Ich schreibe »Tornado« auf die Liste der Wörter und Redewendungen, die Jasons spontane Fortschritte dokumentiert.
»Ich brauch was, um das hier auszuschneiden«, sagt Jason.
»Hier hast du eine Schere. Was schneidest du aus?«
»Etwas, was mich umbringt.«
»Wie nennst du es?«
»Etwas, was mich umbringt.« Er schneidet einen langen Streifen aus. »Das hier habe ich ausgeschnitten.«
»Das ist doch nur ein Propellerflügel für deinen Hubschrau-

ber, Jason«, sagt Katie. Sie malt gerade an ihrem Wolfsbild, auf dem der Wolf »ausgeräuchert und zermatscht werden soll«. Sie hat vorhin eine neue Version der Geschichte von den drei kleinen Schweinchen erzählt, in der der Wolf die Häuser umpustet und die Schweinemama sie wieder aufbaut.
»Es ist etwas, was mich umbringt«, wiederholt Jason.
»Denkst du an Joseph, wie er die Leute abknallt?«
»Ich denke an einen Tunnel. Ein großes Flugzeug parkt auf dem Tunnel.« Er holt einen langen, gewölbten Holzklotz und stellt ihn auf das Geschichtenpapier. »Das ist meine Geschichte.«
»Ich kann die Wörter nicht aufschreiben, wenn der Klotz auf dem Papier steht. Kannst du ihn wegnehmen?«
»Er kann sich nicht bewegen.«
»Halt ihn *über* das Papier, bis ich fertig bin, ja? Dann kannst du ihn wieder draufstellen.«
Er hebt seinen Tunnel gerade hoch genug, daß ich den Stift darunter bewegen kann. »Ein großes Flugzeug, es ist einfach so groß, daß du es nicht glauben kannst.« Jetzt nimmt er mir den Stift aus der Hand und malt eine Linie quer über das Papier. »Kondensstreifen. Oh, das Ding, das mich umbringt, verwandelt sich in einen Propellerflügel. Hier rein, Propeller. Unter den Tunnel.«
Jason agiert in seiner Geschichte. Natürlich möchte ich, daß jede Geschichte gespielt wird, aber Jason agiert seine Geschichte *auf dem Papier* aus. Er stellt hier im Geschichtenzimmer eine Szene dar, die er nicht geradlinig veranschaulichen kann.
»Jetzt falle ich. Pk-k-k. Kann ich jemand haben, der das tut?«
»Du willst jemand, der fällt und dabei peng-peng macht?«
»Er will einen Bösen«, erklärt Joseph. »Wie in meiner Geschichte: Er fällt tot um.«

»Stimmt das, Jason?« Er nickt und läßt sich wieder fallen.
»Peng-peng!«
»Bist das du? Bist du der Böse?«
Jason läßt sich immer wieder fallen, jedesmal knallt er härter auf den Boden.
»Hör auf, Jason. Deine Geschichte ist vorbei. Hau dir nicht den Kopf so an!«
»Das tu ich immer«, behauptet er.
»Ich finde das aber nicht gut. Du kriegst noch eine Beule auf der Stirn.« Ich nehme ihn bei der Hand und führe ihn zu seinem Stuhl. »Jetzt ist Katie dran, Jason. Komm, setz dich auf deinen Hubschrauberlandeplatz.«
Plötzlich habe ich das Bild einer zuknallenden Gefängnistür vor Augen. Brauchte ich den Hubschrauberlandeplatz im Geschichtenzimmer, um Jason unter Kontrolle zu bekommen? Falls das so ist, dann kann es nur eine kurzfristige Lösung sein. Vielleicht hält er sich jetzt, da er von Mauern umgeben ist, immer noch für einen Bösen.
Katie betritt entschlossen die Bühne. »Keine Hubschrauber! Keiner fällt um! Nichts davon, Jason, wenn ich es nicht sage!«
Jason läßt sich noch ein letztes Mal fallen und stößt dabei an die Wand seines Hubschrauberlandeplatzes. Doch er steht rasch wieder auf und sagt zu sich selbst: »Etwas, was mich umbringt.«
Katie hüpft herum und fuchtelt mit beiden Armen vor Jason herum. Sein Benehmen regt sie auf. Ich lese rasch ihre Geschichte vor: »...und der Wolf hat die Häuser umgepustet.«
»Warte, er bläst sie noch einmal um!« schreit sie. »Joseph muß sie immer weiter umblasen, und ich falle immer wieder um, und dann tu ich sie wieder zurück, und dann pustest du wieder um, und dann...« Sie ist ganz zappelig vor lauter Einfällen. Ja-

son läuft hinter ihr her, und sie stolpern beide durch das Zimmer. »Mach du den Schornstein! Nimm den Topf!«
Ist Jason klar, daß sein Benehmen der Auslöser für diese Szene war? Sein impulsives Sich-fallen-Lassen und Wieder-Aufspringen hat direkt zu dem Bild geführt, das Katie jetzt von dem Wolf zeichnet: Immer wieder bläst er die Häuschen der Schweine um, und ihre Mutter richtet sie unermüdlich jedesmal wieder auf. Katie, die beherrschte und vernünftige Mutter, sieht in Jasons Aktionen genug Logik, um sie in ihre Geschichte zu übernehmen.
Wieder einmal sind es die Kinder, die mir Jasons Verhalten erklären. Sie halten seine exzentrischen Ausfälle für verständlich und für gar nicht so ungewöhnlich. Was ist denn verkehrt daran, wenn man seine Propellerflügel dreht oder repariert oder sich zu Boden fallen läßt, wenn das zum Spielpart gehört? Je mehr offenkundige Dramatik jemand in seinem Verhalten zum Ausdruck bringt, desto besser. Das ist eine der Grundregeln, die Kinder ganz selbstverständlich in die Tat umsetzen.
Zudem verteidigen die gleichen Kinder, die so erbittert über die gerechte Verteilung von Bauklötzen, Keksen und rosa Farbe streiten, ganz entschieden das Recht eines Klassenkameraden, außergewöhnliche Charaktereigenschaften zu zeigen und unbequeme Forderungen zu stellen. Die kindliche Auffassung von Fairneß ist nicht durch Konformität eingeschränkt; ihrer Meinung nach hat jeder Mensch das Recht auf eine Sonderbehandlung. Es ist nicht fair, wenn Jason eine Geschichte unterbricht, aber er hat das Recht, als einziger im Geschichtenzimmer einen Flughafen zu bauen.
Der typische Einwand eines Erwachsenen wäre: »Und was, wenn dann jeder ein Hubschrauber sein will und einen Hubschrauberlandeplatz braucht?« Die Kinder wissen, daß dies nie

der Fall sein wird. Im Klassenzimmer sind zwei Hubschrauber völlig unnötig. Natürlich könnte plötzlich eine Hubschraubermode ausbrechen, aber sie würde ebenso schnell wieder abflauen und den einzig wahren Hubschrauberspieler übriglassen.

»Warum hast du immer einen Hubschrauber dabei?« haben die Kinder Jason am Anfang gefragt.

»Der Propeller ist kaputt. Ich muß ihn reparieren.« Das wurde von allen außer mir als eine einleuchtende Antwort betrachtet. Jetzt sehe ich meine Rolle in klarerem Licht: Ich muß herausfinden, welche von Jasons Antworten den Kindern einleuchten; zugleich muß ich beobachten, welche unserer Reaktionen für Jason logisch sind.

»Jemand hält sich in meinem Flughafen versteckt«, sagt Jason und deutet auf Simon.

»Nein, ich bin nicht drin.«

»Simon ist in meinem Flughafen.«

»Du lügst, du Blödmann!«

»Simon ist in meinem Flughafen.«

»Sag nicht meinen Namen! Sag ihm, daß er das nicht darf«, wendet Simon sich an mich.

»Jason, Simon möchte nicht so tun, als ob er in deinem Flughafen wäre. Möchtest du, daß er reinkommt? Richtig reinkommt?«

»Nein.«

Jason lenkt nicht ein, und die Kinder weigern sich, ihm entgegenzukommen. Niemand bietet ihm an, ihn in seinem Haus zu besuchen, oder erlaubt ihm auch nur, so zu tun, als würde er sich darin verstecken. War Jason drauf und dran, Simon einzuladen, oder wollte er ihn nur ärgern?

»Jason, darf ich dir helfen, jemanden zu finden, der in deinem Flughafen spielt? Du weißt, Lehrer spielen ja nie mit. Aber ich

habe auch Simon schon einmal geholfen, ein Mutter-Eichhörnchen zu finden, weißt du noch, Simon?«
»Ich will aber kein Mutter-Eichhörnchen«, sagt Jason entschieden.
»Was willst du denn?«
»Jemand, der sich in meinem Flughafen versteckt.«
»Okay. Hört mal alle zu, Kinder. Jason braucht jemanden, der sich in seinem Flughafen versteckt. Wer will das tun?«
»Nur, wenn ich die Mutter sein kann«, bietet Samantha an.
»Es ist eine Hubschraubergarage.«
»Ich wär' die Mutter und du das Baby.«
»Nein.«
»Ich wär' She-Ra, und du wärst der Hubschrauber?«
»Ja.«
Samantha kommt vorsichtig näher und setzt sich neben Jason, der sagt: »Mein Propellerflügel ist kaputt. Ich muß ihn reparieren.«
»Wir müssen Betten machen. Ich hol' die Kissen. Halt mir den Platz frei.«
Jason legt eine Hand auf Samanthas Platz und pustet in den Drehflügel. »Dreh dich, dreh dich, ooooh, er dreht sich nicht richtig. Er fällt auf das Haus, er fällt auf das Haus.«
Samantha kommt mit den Bettsachen zurück. »Leg dich hin, kleiner Hubschrauber«, sagt sie und macht damit, so einfühlsam sie nur kann, Jason zu einem Baby.
»Fällt runter auf das Haus.«
»Pssst, kleiner Hubschrauber.« Samantha versucht mit allen Mitteln, Jason in die Rolle des Babys zu zwängen, und wendet dabei die gleichen Tricks an wie Jason vorhin mit Simon; aber sie geht um einiges raffinierter vor. Man muß viel lernen, wenn einem das Spielen nicht einfach zufliegt.
Jason versteht die Spiele der anderen Kinder nicht, aber sie

scheinen zu wissen, was er spielt. Glücklicherweise wiederholt er die Mißverständnisse und agiert sie aus, so daß wir sie erkennen und darauf reagieren können.

Da ist ein Hubschrauber. Sie drehen sich nicht so gut. Dann werden manche Sachen umgeblasen. So wurde das fliegende Ding an einen guten Platz gepustet. Ende.

»War etwas mit dem Hubschrauber nicht in Ordnung? Warum haben sie sich nicht so gut gedreht, Jason?«
»Weil... da sind so viele Leute in der Luft.«
»Oh, es war dort zuviel los. Aber was anderes, Jason, war bei den Bauklötzen vorhin auch zuviel los?«
»Nein.«
»Ich dachte, weil du gesagt hast: Er fällt auf das Haus.«
»Weil der Propeller sich nicht gedreht hat.«
»Hat es dich gestört, daß Samantha die Mutter war?«
»Da konnte der Propeller sich nicht mehr drehen.«
»Aber ich bin froh, daß du Samantha trotzdem reingelassen hast.«
»Warum?«
»Weil es ihr Freude gemacht hat. Deshalb.«
Für mich wird es bald sogar noch mehr Grund zur Freude geben. Denn nach dieser einfachen Mutter-Kind-Episode fängt Samantha an, Jason erbarmungslos zu verfolgen; und diese Jagd treibt ihn mehr als alles andere in diesem Schuljahr aus seiner Hubschraubergarage hinaus in den sozialen Zusammenhang des Klassenzimmers. Samantha ist wild entschlossen, Jason zu ihrem Baby zu machen, und obwohl er dagegen protestiert und sich in seine Rituale flüchtet, ist sie am Ende erfolgreich. Was nicht heißen soll, daß sie bei dieser Angelegenheit das letzte Wort behält — ein Junge, der manchmal ein Hub-

schrauber ist, begibt sich nur dann in Gesellschaft, wenn er sein Fahrzeug voll unter Kontrolle hat.

* * *

Eli hat eine neue Methode, seine Schauspieler auszusuchen. »Jemand mit blauen Hosen«, sagt er und schaut Edward an. »Jemand mit roten Streifen«, und Petey in seinem gestreiften Hemd kommt nach vorne.
Die Kinder untersuchen ihre Kleidungsstücke, denn jedes will ausgewählt werden. Sie lieben die Vorschriften, die sie selbst erfinden. Doch als ich einmal die Worte eines Volksliedes wähle, in dem mit jedem neuen Vers Kinder mit bestimmten Farben aufgerufen werden, durch den Raum zu hüpfen, stoße ich eher auf Ablehnung. Meine Regeln waren zu exklusiv. »Keine Sorge, alle Farben kommen an die Reihe«, sang ich in das Lied hinein, doch mein System schien den Kindern bei weitem nicht so viel Freude zu machen, wie ich gedacht hatte.
Elis Farbencode wird mit sehr viel mehr Interesse und ganz ohne Vorbehalte aufgenommen. Als Vinnie an der Reihe ist, wählt sie Schuhe als Entscheidungskategorie. »Wer Minnie-Maus-Schuhe anhat, ist die Schwester.« Alle sehen Katie an, deren Minnie-Maus-Schuhe berühmt sind. Sie hüpft durch den Raum — eine Schauspielerin mit einer wichtigen Aufgabe.
Ich bin von der spontanen Lektion der Kinder, was Klassifizierungen angeht, sehr beeindruckt. Ich würde sie gerne ausbauen, aber diese Idee wird nie wiederaufgegriffen. Sie ist eine Eintagsfliege, denn sie hat wenig mit dem Geschichtenerzählen und -spielen zu tun. Die Kinder sind viel weniger in Gefahr, einem Trugschluß aufzusitzen, als ich. Nur die Rituale, die etwas mit einer tatsächlichen Geschichte zu tun haben, werden das ganze Jahr über beibehalten.

So sagt Samantha jetzt beispielsweise mehrmals »Es war einmal«, wenn sie mit einer Geschichte beginnt. Sofort wurde diese Idee positiv aufgenommen, und die Anzahl der »Es war einmal« nahm zu. Alex wollte neun; ich zeigte ihm, daß damit fast das ganze Blatt voll war. Da die Geschichtenerzähler immer nur ein Blatt zur Verfügung haben, war nur noch Platz für einen anderen Satz: »Da war ein Löwe, und er hat einen Bösen gesehen.«
»Was machen wir jetzt?« frage ich die Gruppe. »Manche von euch sagen so oft ›Es war einmal‹, daß auf dem Blatt kaum noch Platz für die Geschichte ist.«
»Mach eine Regel, daß man es nur einmal sagen darf!« schlägt Arlene vor, die immer die erste ist, wenn es darum geht, für die anderen Beschränkungen einzuführen. Für sich selbst dagegen beansprucht sie absolute Handlungsfreiheit.
»Nein, es ist meine Idee«, widerspricht Samantha.
»Schreib es ganz klein«, sagt Dana.
»Nein, sag es schnell«, verkündet Joseph und rattert, ohne Luft zu holen, »eswareinmaleswareinmaleswareinmal« herunter.
»Das sind beides gute Ideen. Wie wäre es denn, wenn ich es für die, die das wollen, ganz klein schreibe, oder — ich kann noch etwas anderes machen: Wir könnten es ganz schnell mehrmals hintereinander sagen, aber ich schreib' ›Es war einmal‹ nur einmal hin; aber mit der Zahl dahinter, die angibt, wie oft es gesagt werden muß.«
Joseph nickt, ohne mich zu verstehen. Dieses System ist zu komplex, die Kinder brauchen dabei meine Hilfe. Dies ist eine der Gelegenheiten, bei denen ich eine Lösung anbieten muß, ob die Kinder sie nun verstehen oder nicht.
Ich hefte ein weißes Blatt Papier an die Wand und schreibe »Es war einmal« darauf. Dann wende ich mich an Samantha, denn es ist *ihre* Idee gewesen. »Du willst, daß man es dreimal sagt?«

»Nein, fünfmal.«

»Gut. Schaut her. Ich male eine Fünf hinter ›Es war einmal‹. Jetzt wissen wir, daß wir es fünfmal sagen müssen, aber ich habe es nur einmal hingeschrieben. Seht ihr, wieviel Platz noch übrig ist?«

Die Kinder starren auf das Papier. Meine Erklärung überzeugt sie nicht. »Hier, ich zeige euch das Papier von Alex. Alex wollte, daß ich es neunmal schreibe. Ihr könnt die Zeilen zählen.« Gemeinsam zählen wir die neun Zeilen von Alex' Anfangssatz.

»Gut. Jetzt streiche ich alle aus, bis auf die erste Zeile. Und male eine Neun dahinter. Das bedeutet, daß wir es neunmal sagen müssen.«

»Warum hast du ein großes X gemalt?« fragt Alex beunruhigt.

»Ich will damit zeigen, daß die Neun jetzt anstelle von all den vielen ›Es war einmal‹ steht. Wir müssen es dann so oft sagen, aber ich muß nicht jedes einzelne ›Es war einmal‹ aufschreiben.«

»Und dann malst du ein großen X?«

»Na ja, das muß ich nicht unbedingt tun. Hier, ich zeige dir, wie es dann aussieht.« Ich nehme ein neues Blatt Papier und fange von vorne an. Merkwürdigerweise werden die Kinder nicht unruhig. Sie verstehen zwar nicht, was ich mache, aber meine Vorführung scheint sie dennoch zu faszinieren.

»Also, jetzt tun wir mal so, als ob Alex gerade erst anfängt, mir seine Geschichte zu diktieren. Los, Alex, erzähl noch mal die Löwengeschichte.«

»Es war einmal...«, beginnt er unsicher.

»Wie oft willst du es haben?«

»Zwölfmal.«

»Okay, dann sag' es zwölfmal. Ich schreibe einmal ›Es war einmal‹ hierher, nur *einmal*, aber ich schreibe eine Zwölf dahin-

ter. Jetzt hast du noch die ganze Seite für deine Geschichte, Alex.«
»Da war ein Löwe«, macht er weiter, während ich seine Worte so mitschreibe, daß es jeder sehen kann. Als die eigentliche Geschichte beginnt, wird er sicherer.

Und er hat den Bösen gesehen, aber zuerst hat er ihn nicht gesehen, weil der Böse in einem Baum saß, aber er hat etwas Komisches gehört. Dann hat er den Bösen im Baum gesehen und hat ihn gefragt: »Warum sitzt du dort im Baum?« — »Weil jemand gesagt hat, daß ich böse bin.« Da hat der Löwe ihm gesagt, daß er nicht böse ist. Da ist er runtergekommen. Ende.

Wir sind unten an der Seite angelangt. »Nun schaut mal alle her. Auf dem Blatt hier war kein Platz mehr für eine so lange Geschichte. Weil alle die Sätze darauf heißen: ›Es war einmal‹.«
»Und weil das X drauf ist«, erinnert mich Alex. Das X beunruhigt ihn. Ich hätte die Sätze Zeile für Zeile ausstreichen sollen.
»Ja, und auch, weil das X drauf ist. Jetzt sagen wir alle neunmal ›Es war einmal‹. Zählt mit den Fingern mit.« Am Ende des Mitzählens lese ich triumphierend Alex' Geschichte vor. Ich habe den Beweis erbracht, daß meine Methode funktioniert.
Aber Alex ergänzt: »Weil ein Baum hoch ist. Du mußt eine Menge Platz haben.« Er springt auf und zeigt mit dem Finger auf die Neun. »Da oben sitzt der Böse.« Dann fährt er mit dem Finger bis zur letzten Zeile. »Hier ist das Gras, wo er runterkommt.« Für jemanden, der nicht lesen kann, sehen die Buchstaben eben wie Gras aus, das sich im Wind bewegt, und eine Neun ist nun mal der Sitzplatz eines Bösen.
Die Kinder verstehen vollkommen, was Alex meint. Wir agie-

ren die Geschichte aus, als ob nichts Außergewöhnliches passiert wäre. Trotzdem habe ich das Gefühl, daß wir eine große universelle Wahrheit erfahren haben: Es gibt eine unendliche Anzahl von Möglichkeiten, sich einem Begriff anzunähern. Man kann sich nur darüber wundern, daß jemand die Kühnheit besitzt, ein Thema, das es zu analysieren gilt, nur von einem einzigen Standpunkt aus zu beleuchten und dies dann auch noch als »Unterricht« zu bezeichnen.

Jason sagt »Neun« zu mir, als er am nächsten Tag an der Reihe ist.
»Neun was?«
»Neun ›einmal‹.«
Er tippt an meinen Stift. »Hier ... hier ... hier ... ist das schon neun?« Auf seine Anweisung schreibe ich an neun verschiedenen Stellen »einmal« auf das Papier. Das ist Jasons Art, die gestrige Diskussion aufzugreifen. Ist sein Verhalten schon allein deshalb seltsam, weil sonst niemand auf diese Weise reagiert?
»Du erinnerst dich an Alex' neun ›Es war einmal‹, stimmt's?«
»Ich erinnere mich an ›einmal‹«, erwidert er sehr korrekt.

* * *

Die Kinder scheinen genau wie ich häufig so zu tun, als würde Jason bei unseren Aktivitäten mitmachen. Obwohl wir sehr unterschiedliche Methoden anwenden, glaube ich doch, daß unser Ziel das gleiche ist: Wir wollen, daß Jason unsere Erwartungen erfüllt.
Ich verhalte mich so, als würde Jason bewußt einen Beitrag für die Gruppe leisten, auch wenn klar ist, daß dies nicht seiner Absicht entspricht. Ein Beispiel: Wir singen »Gesucht, gesucht, gefunden«, eines der Lieblingslieder der Kinder. Dabei sitzt jedes Kind abwechselnd in einer der großen Kisten und

tut so, als ob es verlorengegangen wäre, während ein anderes Kind um die Kiste herumhüpft und das angeblich »verlorengegangene« Kind sucht. Wir alle singen so lange »Wo, o wo ist unsere Freundin Lilly...«, bis der Spielpartner sie entdeckt und die beiden Hand in Hand zu ihren Plätzen zurückhüpfen.
Jason weigert sich mitzuspielen, als er an der Reihe ist. »Mein Propeller ist kaputt«, lautet seine stereotype Antwort. Doch als ich vorschlage, daß er seinen Hubschrauber in die Kiste legt und so tut, als ob er ihn findet, ist er einverstanden. Die Kinder halten das für eine wunderbare Idee und beschließen, sie nachzuahmen. Arlene versteckt ihre Puppe in der Kiste, Joseph seine Schlange, und das Spiel nimmt seinen Fortgang »auf Jasons Art«.
Das Problem ist: *Ich* bin diejenige, die es »auf Jasons Art« nennt. Ich erinnere unentwegt jeden daran, daß es Jasons Idee war, so zu verfahren; aber Jason zeigt nach der ersten Runde keinerlei Interesse mehr an dem Spiel. Nach einiger Zeit kehren die Kinder wieder zu der Spielvariante mit zwei Partnern zurück, und »Jasons Art« gerät in Vergessenheit.
Daß Jason herausgestellt wird und besondere Aufmerksamkeit bekommt, ist gut. Aber daß man ihm eine Idee zuschreibt, nur weil er sich bereitgefunden hat, einmal kurz mitzumachen, verwirrt die Kinder — und es ist nicht ehrlich. Die Kinder wissen ganz genau, welche Ideen von ihnen stammen und welche von mir. Ich muß vorsichtig sein, daß ich nicht aus dem Wunsch heraus, Jason in die Gruppe zu integrieren, anfange die Wahrheit zu verschleiern.
Ich habe schließlich auch nicht so getan, als hätte Joseph die Idee gehabt, das sich mehrmals wiederholende »Es war einmal« durch eine Zahl zu ersetzen. Ich habe Josephs eigene Worte benutzt — »sag es ganz schnell« — und dann meinen eigenen Vorschlag angefügt, damit der Plan in die Tat umgesetzt

werden konnte. Die Kinder kennen den Unterschied zwischen Josephs Rolle und meiner genau.

Mein Vorschlag hat ihnen ja auch nicht so recht eingeleuchtet, bis Alex ihnen auf dem Bild den hohen Baum und den Räubersitz auf der Neun gezeigt hat. Wenn sonst nichts mich davon abhalten würde, so zu tun, als stammte eine meiner Ideen von einem Kind — diese Erfahrung sollte es mich lehren.

Mein Kommentar zu Jasons Rolle bei »Gesucht, gesucht, gefunden« hätte einfach lauten sollen: »Jason will nicht mit einem Partner spielen, deshalb habe ich vorgeschlagen, daß er seinen Hubschrauber nimmt.«

Die Kinder gehen bei der Umsetzung ihrer Strategien sehr viel geradliniger vor, und so ist es für Jason einfacher, zu überprüfen und darüber nachzudenken, was sie sagen und tun. In dem folgenden Beispiel weigert sich Jason ganz ähnlich wie im Musikzimmer, bei einem Spiel mitzumachen. Aber die Kinder lassen nicht zu, daß er sich aus der Verantwortung stiehlt, die er der Gruppe gegenüber trägt, wenn es darum geht, eine Phantasievorstellung umzusetzen.

Jason sitzt allein am Tisch in der Puppenecke und rollt Knetmasse zu schlangenartigen Formen, als Simon, Edward und Lilly dazukommen.

»Oh, gut«, sagt Edward. »Hier ist ein Schlangenjäger. He, Jason, ich auch. Du hast die Tiere gefangen, um sie zu kochen. Ich hab' einen Tiger geschossen.«

Jason rückt seinen Hubschrauber näher zu seiner Schlangensammlung und legt seine Hand darüber, doch die Kinder fahren unbeirrt fort, die Szene zu gestalten.

»Ich und Lilly kochen sie«, sagt Simon. »Ich wär' dann die Jägerkellnerin.«

»Aber wer ist Jason?« will Lilly wissen.

Jason reagiert nicht, und das stellt die anderen vor ein Problem.

Anders als im Musikzimmer, wo die Kinder damit rechnen, daß die Lehrerin sagt: »Gut, dann schau eben nur zu«, oder bei den Bauklötzen, wo ein Kind sich allein innerhalb der von ihm gesteckten Grenzen beschäftigen kann, spielt sich in der Puppenecke immer nur eine Geschichte zur gleichen Zeit ab. Jemand, der in der Puppenecke sitzt und nicht reagiert, sorgt hier für die gleiche Unruhe, die ein Fremder zu Hause an unserem Küchentisch hervorrufen würde. Ist Jasons Verhalten also fair? Die Kinder finden es in Ordnung, und zu Jasons Glück ist kein Erwachsener in der Nähe, der das Problem mit einer anderen Logik lösen will.
»Jason, bist du jetzt ein Jäger oder nicht?« Edward gibt nicht nach.
Simon stellt noch einmal die Regeln klar. »Keine Hubschrauber, Jason. Du kannst ein Jäger sein oder eine Kellnerin.«
»Oder ein Papa?« wirft Lilly hoffnungsvoll ein.
»Nein, Lilly. Ich bin der Papa-Jäger. Oder er wär' ein Räuber. Räuber! Räuber! Räuber im Lokal! Ruf die Polizei!« Es sieht ganz so aus, als hätte Edward beschlossen, daß Jason zu gehen hat, damit das Spiel seinen Fortgang nehmen kann. »Kein Hubschrauber im Lokal. Hier sind nur Jäger und Kellnerinnen und ein Papa und eine Mama. Klar?«
Jason steht plötzlich auf, schaut ihn mit gerunzelter Stirn an und beseitigt alle Unklarheiten. »Ich bin ein Hubschrauber-Jemand und gehe in ein anderes Lokal.« Abrupt verläßt er die Puppenecke und geht zu seinem Flughafen bei den Bauklötzen. Als er am Geschichtentisch vorbeikommt, sagt er zu mir: »Das ist ein Hubschrauber-Lokal. Nicht für Räuber, nicht für Jäger, nicht für Kellnerinnen.«
»Nur für dich?«
»Für mich und Sarah.«
»Für Sarah? Deine kleine Schwester?«
»Für mich. Nur für mich.«

Meine Musikstunde war nichts anderes als ein netter Zeitvertreib, aber die Erfahrung in der Puppenecke zwingt Jason zu einem weiteren Schritt vorwärts und gibt seinem Spiel neue, vielfältige Perspektiven. Er wird nie eine Kellnerin oder ein Jäger sein; aber er *ist* ein Hubschrauber-Jemand in einem anderen Lokal. Seine wahren Empfindungen sind so genau getroffen worden, daß er sogar die Möglichkeit erwägen kann, Sarah mit einzubeziehen.

Wie unterschiedlich stark die gefühlsmäßige Betroffenheit ist, je nachdem, ob die Kinder oder ich eingreifen, zeigt der folgende Tag.

Eine Geschichte von Lilly, die das Thema des Verlorengehens und Wiedergefundenwerdens aufgreift, entwickelt sich urplötzlich in ein neues Spiel für Jason. »Gesucht, gesucht, gefunden« befaßt sich scheinbar mit der gleichen Thematik, aber in Lillys Geschichte klingt die Wahrheit an.

Ein kleines Mädchen ist verlorengegangen. Die Mutter hat sie gefunden.

»Verloren, verloren, verloren«, wiederholt Jason und hält die Hand über seinen Hubschrauber. »Gefunden, gefunden, gefunden«, fährt er fort und hält ihn hoch. Lilly hat Jason Material an die Hand gegeben, mit dem er etwas anfangen kann.

Normalerweise verwendet Jason Worte wie »verloren« oder »gefunden« nicht. Doch in einer Geschichte, die er kurz darauf diktiert, sagt er: »Der Hubschrauber ist nicht höher gestiegen. Er ist verlorengegangen. Ooooooh, ich habe ihn gefunden!«

Dieses »verloren und gefunden« hat viel mehr Saft und Kraft als mein fades »Gesucht, gesucht, gefunden«-Spiel, in dem die Rollen jederzeit austauschbar sind. Lillys kleines Mädchen aber, das verlorenging und wiedergefunden wurde, trifft den Nagel auf den Kopf.

Doch später stellt Trish meine Interpretation in Frage. »Lilly erzählt seit Monaten Geschichten von verlorengegangenen Mädchen. Warum sollte Jason denn ausgerechnet jetzt diesen Gedanken in seine Geschichten und sein Spiel aufnehmen? Ich glaube, das ist durch das ›Gesucht, gesucht, gefunden‹-Spiel ausgelöst worden.«
»Meinst du wirklich, daß ich das Beispiel mit dem ›verloren — gefunden‹ zu weit treibe? Ich bin mir so sicher, daß im Spiel und in den Geschichten Hinweise über die wahren Gefühle zu finden sind und daß das für die Kinder bei weitem schwerer wiegt als alles, was sie aus *unseren* Lektionen erfahren können.«
»Du meinst damit das ›gefunden‹.«
»Ja, genau. Da fällt mir ein, ich habe meine Brille verlegt. Habt ihr sie vielleicht gesehen?«
»Sie liegt oben auf dem Klavier. Aber warte bitte noch einen Moment, ich habe hier etwas notiert, was ich dich noch fragen wollte. Hast du mitbekommen, wie die Kinder gestern ›Bücherei‹ gespielt haben?«
»Ja natürlich. Es war hinreißend. Die Leserausweise, die Regale...«
»Und sogar die Bücher alphabetisch geordnet. Ich habe ihnen dabei geholfen. Hat es dir wirklich gefallen, Vivian?«
Trishs Frage überrascht mich. »Ja, klar.«
»Du hast es nicht aufgenommen.«
»Ich war mit dem Kassettenrecorder doch hinten im Geschichtenzimmer.«
»Aber sonst trägst du den Recorder oft woandershin, wenn dort etwas Interessantes vorgeht.«

»Ach, und deshalb glaubst du, ich hätte das Büchereispiel nicht interessant gefunden?«
»Zumindest nicht so interessant wie eins der radikaleren Rollenspiele.«
Jetzt schaltet sich auch Gail in die Unterhaltung ein. »Trish will sagen, daß du nicht darüber sprichst, was Samantha sagt, wenn sie eine Bibliothekarin spielt, aber in allen Einzelheiten erzählst, was sie als Jasons Mama von sich gibt.«
»Hmmm. Da ist was dran, obwohl das Büchereispiel mit Sicherheit auch zu den Rollenspielen zählt, oder? Haben sie denn nicht so getan, als wären sie erwachsene Bibliothekare und ältere Schüler?«
»Aber du hast es nicht aufgenommen.« Trish läßt nicht locker. »Genausowenig wie du das Kaufladenspiel aufgenommen hast oder wie die Möbelpacker das Spielzeug in Zeitungspapier eingewickelt haben.«
»Du beobachtest, was ich aufnehme?«
»Ja, sicher. Daran merke ich, was dich am meisten interessiert.«
»Gut, ich will es dir kurz erklären. Vielleicht rechne ich mit mehr Überraschungen, mit mehr unvorhersagbaren Entwicklungen und erwarte, daß mehr Geheimnisse gelüftet werden, wenn der Handlungsverlauf komplexer und die Tarnung undurchsichtiger ist. Aber beunruhigt dich das, Trish?«
»Ja, allerdings. Weil ich nämlich mit den richtigen Spielen mehr anfangen kann.«
»Mit den richtigen Spielen?«
»Mit den Spielen, die so realistisch aussehen sollen wie nur möglich. Ich fühle mich wohler, wenn ein Möbelpacker oder ein Bibliothekar auftaucht, als bei Batman oder Wonderwoman. Ich fühle mich den Kindern mehr verbunden, wenn wir zusammen auf dieser Ebene...«

»Auf der realistischen Ebene? Trish, ich habe wirklich viel übrig für Büchereispiele und Umzugstage — und für diese wundervoll wirklichkeitsgetreuen Bauwerke aus Klötzen oder aus dem Sand draußen, als das Gaswerk neue Rohre verlegt hat. Und wenn Joseph Straßengebühren eintreibt und Dana an der Saftbude Wasserbecher verkauft. Ich nehme diese Spiele ja auch auf, aber du hast recht, nicht halb so oft wie die Rollenspiele, die den Geschichten der Kinder so ähnlich sind.«
»Erzählen die Kinder vielleicht auch deshalb so viele Phantasiemärchen, weil sie der Lehrerin besser gefallen?« fragt Gail.
»Oder mag ich sie lieber, weil die Kinder diese Geschichten anscheinend mehr mögen? Ich finde nämlich, daß sie spontaner reagieren und sich genauer ausdrücken, wenn sie ihre frei erfundenen Märchen erzählen.«
»Vivian, sag mir bitte eins: Sind denn nicht beide Varianten des Spielens gleich wichtig?«
»Zweifellos. Solange wirklich beide Varianten zum Tragen kommen. Du weißt doch, Trish, daß die meisten Lehrer die ›realistischen‹ Spiele besser finden. Aber jetzt eine Frage an dich: Wenn Jasons Hubschrauber in O'Hare oder auf den Midways landet, zu welcher Variante zählt das denn?«
»Das ist einfach Jason«, antwortet Gail.

* * *

»Schau, ich habe einen Eichhörnchenbau gegraben.«
Ich drehe mich verblüfft um, als ich Jasons Stimme höre. Das ist sein allererster Eichhörnchenbau, aber außer mir scheint das niemand besonders bemerkenswert zu finden.
Eine kleine Gruppe spielt oben im Musikzimmer mit den Kisten, und Jason ist in eine hineingestiegen. »Das ist ein Eichhörnchenbau. Ich falle jetzt gleich in den Eichhörnchenbau.«

Um ihn herum spielen die anderen Kinder Hase und Fuchs, ein Spiel, das Samantha erfunden hat.
»Siehst du den Fuchs?«
»Er sitzt im Kerker.«
»Fang ihn dort unten, unten, unten.«
»Eß ihn auf, lecker, lecker, lecker.«
»Siehst du den Fuchs?«
»Er sitzt im Kerker, dort unten, unten, unten.«
»Es gibt Fuchs zum Abendessen.«
Jason stülpt sich eine große Kiste über den Kopf. »Das ist ein Eichhörnchenloch. Ich falle gleich in ein Eichhörnchenloch.«
»Willst du, daß dich jemand darin findet, Jason?« erkundige ich mich.
»Mich kann keiner finden. Denn ich fall' ja hier rein.«
Diesmal halte ich mich lieber zurück. Solche Sackgassen erfindet Jason vielleicht speziell für mich. Er hat seinen Hubschrauber mit Lillys Hilfe »gefunden« und will wahrscheinlich alleine herausfinden, welche Wunder in Simons Eichhörnchenbau verborgen sind.
»Ich falle in das Loch, in das Eichhörnchenloch, in dieses Eichhörnchen-Kerkerloch.«
Damit erregt er Simons Aufmerksamkeit. »Eichhörnchenlöcher können keine Kerker sein, Jason.«
»Kerkerloch.«
»Hier, ich zeig's dir. Stülp dir die Kiste über den Kopf, wenn ein Fuchs kommt. Schnell, hier kommt der Fuchs. Beeil dich, Jason, versteck dich.«
Ganze zehn Minuten lang bleibt Jason nun Simon dicht auf den Fersen. Der Hubschrauber liegt in Sichtweite auf der Bank vor dem Klavier, aber Jason ist eindeutig kein Hubschrauber, und die Kiste verwandelt sich nicht in einen Flughafen. Es ist

ein bedeutsamer Augenblick und gleichzeitig eine ganz normale Angelegenheit.
Der Fortschritt ist gerade in solch simplen Vorgängen am deutlichsten zu beobachten. Jason ist in die Phantasievorstellung eines anderen Kindes eingedrungen und läßt sich zeigen, was sich dahinter verbirgt. Und das aus eigenem Antrieb. Ich war schon drauf und dran, Simon mit allen Mitteln zu dem Eichhörnchenbau hinüberzulocken, aber Jason hat mich daran gehindert. Jetzt bezieht sich sein »Jemand« auf mich. Er kennt die Namen der Kinder und wird sie auch benutzen, wenn er erst einmal so weit ist, daß er den Konsequenzen ins Auge sehen kann.
Ich bin sehr glücklich, daß Jason den Eichhörnchenbau ausprobiert hat, aber es täte mir leid, wenn er seine Hubschraubergarage deswegen aufgeben würde. Ich muß zugeben, daß man gerade dort noch mehr über die Schule erfahren kann als im Geschichtenzimmer.
Was auch immer Jason daran hindern mag, sich bei den Gruppenspielen voll zu integrieren — in der Bauklotzecke kann er wahrscheinlich am ehesten damit Berührung aufnehmen. Hier ist der Ort, wo er den natürlichen Rhythmus des Spiels für sich erfahren kann, ohne daß ihm jemand zu nahe tritt. Die Grenzen in der Bauklotzecke werden immer sehr sorgfältig abgesteckt, und es wird genau ausgehandelt, wie das Baumaterial und der Platz zum Spielen aufgeteilt werden soll.

»Das ist gefährlich, Jason, geh da nicht rüber«, ordnet Alex an.
»Ja, bleib da weg. Der Weg geht durch den Sumpf. Ich gehe den Weg durch den Sumpf«, warnt Joseph und bezieht sich damit auf eine Szene aus einem Buch, das wir gerade gelesen haben.
»Das ist nichts für dich, Jason.«
»Kann ich den Weg gehen?« fragt Eli.

»Ja, du schon. Aber er ist gefährlich für Hubschrauber. Die können steckenbleiben. Geh da nicht hin, Jason! Du wühlst nur den Weg auf!«
Jason hat aus Versehen den Sumpfweg verschoben, als er in die Ecke ging, um Bauklötze zu holen. »Ich kann das Haus da abbauen«, bietet er an und zeigt auf ein leeres Gebäude aus Klötzen.
»Du wühlst den Sumpfweg auf!«
»Geh hier raus, Jason.«
»Paß auf, das ist der Sumpf!«
Jason ist verwirrt, seine Augen füllen sich mit Tränen. »Ich gehe hier, weil, weil jetzt...« Er bemüht sich, einleuchtend zu argumentieren und eine Erklärung vorzubringen. »Weil... da ist kein...«
»Nein, Jason!« schreit Alex und packt ihn am Arm. »Du weißt doch nicht einmal, was Schule ist.«
»Weil ich das abbauen wollte...«
»Aber wir spielen hier. Hier ist ein Sumpfweg, und der führt zu dem geheimen Platz da.« Alex ist von Jasons Tränen gerührt. »Siehst du, wo er hingeht? Komm, ich zeig's dir, ja?«
»Gut, ich gehe wieder.« Jason wischt sich die Augen und sieht Alex direkt ins Gesicht. »Ich muß mein Haus reparieren.«
»Versteh doch, Jason.« Alex' Stimme ist sanft. »Bitte, geh nicht noch einmal über den Sumpfweg, oder wir müssen dich in die Luft sprengen.«
»Wirklich?« Samantha streckt ihm die Zunge raus. »Du kannst nicht jemand in die Luft sprengen, mit dem du gar nicht spielst, der nämlich was ganz anderes spielt.«
»Meinst du, Samantha? Wart's nur ab, wir werden *dich* in Stücke sprengen!«
»Na und, dann bin ich einfach ein kleiner Käfer!« gibt sie zurück.

»He, Samantha, willst du den Sumpfweg sehen? Er ist nicht so schrecklich gefährlich. Geh so rum, und dann spring hier über das Stück drüber. Das ist der Teil, wo man einsinkt.«
»Nein, danke, ich spiel lieber mit Jason. Willst du das Baby sein, und ich wär' dann die Mutter? Ich hole die Kissen.«
»Nein.« Er dreht ihr den Rücken zu.
»Okay, dann spiel ich eben mit Katie. Tschüüüs.«
Samantha *weiß*, wie man spielt. Sie verwandelt sich in einen kleinen Käfer, um Alex' Machogehabe lächerlich zu machen, und sie erinnert ihn mit spürbarer Autorität an die Regeln, die im Klassenzimmer gelten. Nahezu alles, was Samantha sagt oder tut, müßte — irgendwann jedenfalls — Jason eigentlich zeigen, daß die *Kinder* ihre Phantasien beherrschen und nicht die Phantasie das Kind. Sie *selbst* entscheidet, ob sie Spaß macht oder ernst ist, ganz nach Lust und Laune. Und sie ist fest entschlossen, Jason zu ihrem Baby zu machen. Diese schlichte Tatsache hat wahrscheinlich mehr Fortschritte bei Jason bewirkt als alles andere. Ihre Vorstellung von Kontrolle schließt Jason mit ein; und er ist zwischen Freude und Mißfallen hin- und hergerissen, wenn Samantha Tag für Tag von neuem versucht, ihn zu ihrem Baby zu machen.
»Ich habe mein Haus gebaut«, sagt Jason zu mir. »Schau her. Ist das nicht ein lustiges Haus? Es sieht aus wie die Schule. Hoch, hoch, hoch, runter, runter, runter.«
Samantha stellt noch einen Klotz auf Jasons Bauwerk. »Hier ist noch einer obendrauf für dich.«
»Mach es nicht höher! Sonst stürzt es ein!«
»Es fällt auf dich, Baby! Aber ich mach' dir gleich einen Verband. Bleib hier. Ich hole das Verbandszeug.«
»Nein, es ist nicht umgefallen! Ich brauche keinen Verband! Da ist das Dach, wo die echten Hubschrauber landen. Pschschsch.«

»Hier dein Brei, kleines Baby. Und hier ist dein Bett.«
»Nein. Faß den Klotz nicht an!«
»Ist schon gut«, besänftigt sie ihn. »Ich reparier' ihn, kleines Baby.«
»Nein, du hast ihn umgedreht. Der Hubschrauber ist kaputt.«
»Hier ist deine Mama. Schau zu mir. Deine Mama ist da!«
Jason lächelt wider Willen. »Bääääh«, schreit er. »Wäääh.«
»Du könntest jetzt noch nicht sprechen. Ja, kleines Baby Jason? Komm her, mein Schätzchen.«
Jason beobachtet Samantha noch einen kurzen Moment, dann springt er auf. »Ich bin nicht ... ich wär' nicht ... du hast mich *entgleist*. Jetzt bin ich *entgleist*. Das ist kaputt. Das ist kein Baby. Faß mich nicht an. Ich bin *ent-gleeiiist!*«
Während ich beobachte, wie sich Jason wehrt, fallen mir zwei Begebenheiten ein, die sich in seiner ersten Schulwoche abgespielt haben. Das eine Mal saß Jason mit seinem Vater auf dem Boden und baute mit Legosteinen. Als ich hereinkam, blickte er auf, und in seinen großen dunklen Augen lag ein Ausdruck, der alles andere war als ein Willkommensgruß.
»Was machst du da, Jason?« fragte ich.
»Red nicht mit mir«, heulte er sofort los. Sein Vater lächelte entschuldigend, und Jason drehte mir demonstrativ den Rücken zu.
Die andere Szene spielte sich am Maltisch ab. Diesmal saß Jasons Mutter hinter ihm, und er malte. Eli deutete auf Jasons Hubschrauber und fragte: »Kann er fliegen?«
»Darüber darfst du nicht sprechen!« schrie Jason und erschreckte Eli durch seine unerwartet heftige Reaktion.
»Nein, Eli, du hast nichts Falsches gemacht«, sagte ich und legte den Arm um ihn. »Jason, es ist in Ordnung, wenn Eli sich mit dir unterhält. Das ist eben so in der Schule. Eli wollte nur nett zu dir sein.«

Jason drückte sich enger an seine Mutter und wedelte mit dem Hubschrauber vor ihr herum. Er ließ ihn auf ihrem Schoß landen, auf ihren Schuhen, auf ihrer Handtasche und behielt uns dabei immer im Auge. Überraschenderweise ließ er am nächsten Tag zu, daß sie nach Hause ging. Er hatte beschlossen hierzubleiben. Mit seinem Hubschrauber.

Ein paar Tage später kam Eli zu mir und sagte: »Rate mal, was passiert ist. Jason hat mich mit ihm reden lassen.«

»Das freut mich, Eli.«

»Ich wollte seinen Hubschrauber ansehen, und er hat ihn mir gezeigt, aber ich durfte ihn nicht anfassen.«

»Warum denn nicht?«

»Weil der Propeller kaputt war. Er mußte ihn reparieren.«

Meine erste Unterhaltung mit Jason basierte auf diesem Bericht. »Jason, Eli hat mir gute Neuigkeiten erzählt. Er hat mit dir gesprochen, und du hast nicht gesagt: ›Red nicht mit mir.‹ Du hast ihm erzählt, daß dein Hubschrauber kaputt ist. Hast du ihn repariert?«

»Ja. Aber es darf ihn niemand anfassen. Er ist zerbrechlich.«

»Gut, ich werde es den anderen sagen. Kinder, hört mal zu. Jason will nicht, daß jemand seinen Hubschrauber anfaßt. Er ist zerbrechlich.«

»Brrrruauauauuuuuuuummm!« Jasons Lärm übertönte meine Stimme.

Das war also ein Beispiel dafür, wie sich Kinder in der Schule einführen, und jedes von ihnen macht es anders. Jason kam mit einem Hubschrauber hereingeflogen, und das ruft uns einmal mehr in Erinnerung, daß der menschliche Geist letztlich unbezähmbar bleibt. Diejenigen von uns, die »unterrichten« wollen, sollten sich nicht einbilden, daß sie schon wissen, wie ein Kind zu lernen beginnt.

* * *

Das Geschichtenzimmer ist ziemlich klein. Früher war die Schule ein normales Wohnhaus, und damals diente es sicher als Kinderzimmer. Aber ich finde es gut, unsere Geschichten auf so engem Raum zu spielen. Die intime Atmosphäre erzeugt eine Art konzentrierter Aufmerksamkeit, wie sie in einem größeren Raum kaum erreicht werden könnte. Und bisher war das Zimmer auch noch nie zu klein — selbst mit vierundzwanzig Kindern, drei Erzieherinnen und gelegentlichen Besuchern, die alle auf den niedrigen Bänken um die mit Klebestreifen markierte Bühne herum sitzen.
»Warum ist es heute so eng hier?« überlege ich laut.
»Zu viele Leute sind zum Geschichtenerzählen gekommen, deshalb«, erklärt Lilly, die ihren großen Weihnachtsteddy im Arm hält.
»Wir sind doch immer so viele, Lilly«, erwidere ich. »Und heute haben wir noch nicht mal Besuch.«
»Weil Simon zu nah auf mir drauf sitzt«, sagt Alex.
»Vielleicht kommt dir das nur so vor, weil das Zimmer so vollgestopft wirkt. Glaubt ihr nicht, es liegt daran, daß fast jeder von euch ein großes Spielzeug oder ein Stofftier dabeihat?«
»Und Barbiepuppen«, meint Joseph zu Samantha.
»Ich muß Barbie mit dabeihaben, sonst geht sie verloren. Aber Joseph hat ein Schloß, das ist zu groß.«
»Das brauche ich für He-Man. Der kommt in meiner Geschichte vor.«
»Hört mal zu«, sage ich mit vorwurfsvoller Stimme. »Die Sachen brauchen viel zuviel Platz. Wie wär's, wenn wir sie alle ins Nebenzimmer bringen, solange wir die Geschichten spielen?«
Die Kinder schauen mich entsetzt an. Mein Vorschlag verstößt gegen eine wichtige Regel, die besagt, daß jeder alles überallhin mitnehmen darf, wenn es die anderen nicht stört. Gehört die Lehrerin auch zu den »anderen«?

»Nein! Das ist kein guter Vorschlag!« Samantha gibt nicht nach. »Ich brauche Barbie in meiner Geschichte. Und außerdem ist es überhaupt nicht so voll hier.«
»Du hast aber keine Barbie-Geschichte erzählt«, erinnere ich sie.
»Sie kommt aber vor. Ich habe vergessen, es zu sagen.« In ihrer Verzweiflung bringt sie Barbie in einer Geschichte von den drei kleinen Schweinchen unter.
»Du könntest doch sagen, jeder darf nur *ein kleines* Spielzeug mitbringen«, schlägt Edward vor und schaut dabei prüfend seinen kleinen Superman an.
»Das ist nicht fair!« wehrt sich Arlene. »Mein Baby braucht den Puppenwagen. Es ist nur wegen Jason. *Er* ist zu eng.«
Jason hat die erhitzte Debatte bisher nicht weiter beachtet, aber jetzt blickt er auf. Nur selten verfolgt er einen Gruppenprozeß, es sei denn, sein Name wird erwähnt — oder sein Hubschrauber. Er wirft Arlene einen grimmig-fragenden Blick zu und versteckt seinen Hubschrauber hinter den drei großen Klötzen, die er heute ins Geschichtenzimmer mitgebracht hat. Wann hat er eigentlich die Zahl der Klötze auf drei erhöht? überlege ich mir. Plötzlich bemerken wir alle, daß der Hubschrauberlandeplatz drei ganze Plätze einnimmt.
»Würde es dir sehr viel ausmachen, Jason, wenn du dich wie die anderen auf eine Bank setzen würdest? Und könntest du deinen Hubschrauber auf den Schoß nehmen?«
»Nein.«
»Heißt nein, es würde dir nichts ausmachen?«
»Nein.«
»Ich meine, könntest du die Klötze bitte zurück ins andere Zimmer bringen, dann sehen wir, ob es hier weniger voll ist. Den Kindern ist es nicht zu eng. Mir ist es zu eng.«
Ohne zu zögern, nimmt Jason die Klötze und trägt sie hinüber ins Nebenzimmer.

»Soll ich dir helfen?« rufe ich ihm nach.
»Nein.«
Ich muß das Problem auf eine persönliche Ebene bringen — ich bin es, die es zu eng findet. Jason hat genauso reagiert, wie die Kinder damals auf sein Bedürfnis reagiert haben, daß er einen Hubschrauberlandeplatz braucht.
Niemand erinnert an die Gründe, weshalb damals der Landeplatz im Geschichtenzimmer eingerichtet wurde. Jason sitzt da und dreht die Propellerflügel. Zwischendurch beobachtet er, was auf der Bühne vor sich geht. Die andern machen das gleiche, sie halten ihre Spielsachen fest, flüstern miteinander, schauen sich Bücher an und übernehmen, wenn sie dazu aufgefordert werden, eine Rolle in der Geschichte, die gerade gespielt wird.
Es ist ja auch nicht nötig, sich ausschließlich auf eine Sache zu konzentrieren. Kinder denken ohnehin nicht so eingleisig. Beim Spielen schlagen sie alle möglichen Richtungen ein, drunter, drüber, drum herum, sie verändern ihre Stimmen, wechseln die Verkleidung und, wenn nötig, auch ihre Spielkameraden. Dann kehren sie zu ihrem ursprünglichen Thema zurück und knüpfen genau da wieder an, wo sie abgeschweift sind. Auch Jason kann seinen Propeller drehen, den Motor aufheulen lassen, landen, kaputtgehen und uns zuhören, alles zur gleichen Zeit.
Am nächsten Tag fliegt Jason in Simons Eichhörnchen-Geschichte hinein, verschwindet aber sofort wieder, ehe noch jemand ein Wort sagen kann. Vielleicht muß er die neue Situation austesten. Niemand kommt auf die Idee, den Landeplatz wieder herzuholen, nicht einmal Jason selbst. Somit ist dieses sowieso immer kleiner werdende Problem aus der Welt geschafft. Eine Weile hat die Sache mit dem Hubschrauberlandeplatz funktioniert, aber dann wurde sie selbst zum Problem.

Das ist fast immer so. Probleme sollen nicht gelöst werden — sie sind dazu da, daß wir an ihnen lernen und daß wir verschiedene Lösungsmöglichkeiten durchprobieren. Sie helfen uns, das Prinzip von Ursache und Wirkung zu erforschen. Wichtige Fragen können nicht mit einem großen Rundumschlag *gelöst* werden — und auch nicht innerhalb eines Schuljahres. Mit manchen plagt man sich das ganze Leben lang, weil sie immer wieder in anderem Gewand auftauchen und einem neue Einsichten abverlangen.

Wenn ein Kind spielt, übt es auf ganz natürliche Weise den Umgang mit Problemen ein. Das zeigt sich selbst dann ganz deutlich, wenn man nur nebenbei irgendwelche Gesprächsfetzen aufschnappt.

»Das Monster kommt! Es ist gleich da!«

»Hol den Zaubergürtel! Wenn du ihn anziehst, wird es zu Eis!«

Neue Konflikte tauchen immer und überall auf; unsere Aufgabe ist es, den Zaubergürtel zu finden. Wenn es uns gelingt, Beschwerden und Klagen aus dem Weg zu räumen und Gefahren zu beseitigen, gibt uns das ein ungeheures Machtgefühl, und wir spüren, was wir gemeinsam alles erreichen können.

Es ist nicht die Lösung des Problems, sondern der Prozeß der Suche, der uns beweist, daß es immer wieder neue Wege geben wird und wir immer wieder bemühen, sie zu finden.

Aber müssen wir wirklich so viel Zeit auf die Probleme eines einzigen Kindes verwenden, daß man ein ganzes Buch darüber schreiben kann (so wie ich das bei Jason gemacht habe)? Zum Glück kommen uns da die Kinder selbst zu Hilfe; jedes Kind beansprucht letztlich gleich viel Zeit, und jede Geschichte hilft, alle anderen mit aufzuschreiben.

In letzter Zeit beispielsweise ist Alex sauer, weil er *nie*, so sagt er, neben Joseph sitzt. Simon und Petey sitzen *dauernd* neben ihm. Es nützt überhaupt nichts, Alex darauf hinzuweisen, wie oft er schon neben Joseph gesessen hat. Immer mehr Zeit von unseren Gruppenaktivitäten geht verloren, weil Alex sich weigert, Platz zu nehmen, wenn er nicht neben Joseph sitzen kann.

Solange Alex weint, rennt Jason übrigens kein einziges Mal auf die Bühne, und er verkündet auch nicht, sein Hubschrauber sei kaputt. Es scheint ganz so, als wäre immer nur Raum für *eine* Krise.

»Ich war als erster da!« schreit Alex und versucht, zuerst Simon, dann Petey von ihrem Platz zu vertreiben.

»Warte, Alex. Du kannst die anderen nicht einfach von ihren Plätzen zerren. Frag sie, ob sie weggehen wollen.«

Alle drei Jungen schütteln die Köpfe.

»Dann hasse ich diese Schule! Ich mache überhaupt nichts mehr! Ich mache in keiner Geschichte mehr mit!« Alex rennt aus dem Zimmer, kommt aber gleich wieder zurück und bleibt in der Tür stehen.

Ich verfolge die Szene heute mit weniger Anteilnahme als die Kinder. Das ist nun schon der vierte Tag, an dem Alex überall wegen seines Platzes Streit anfängt: im Geschichtenzimmer, bei der Frühstückspause, beim Singen und sogar am Geschichtentisch.

»Und niemand darf mehr in meinen Geschichten mitmachen!«

»Alex ist wirklich gekränkt. Hat irgend jemand einen Vorschlag?«

»Vielleicht braucht er einen Hubschrauberlandeplatz«, meint Arlene.

»Ich bin kein Hubschrauber.«

»Sag doch Joseph, er soll woanders sitzen.«

»Nein, ich will hier nicht weg.«

»Hol einen Stuhl, dann kann Alex vor Joseph sitzen.«
»Dann kann ich nichts sehen!« beschwert sich Joseph.
»Alex kann doch schrumpfen.«
»Ich will aber nicht schrumpfen.«
»Versteck spielen«, sagt Jason.
»Ist das etwas, was Alex tun könnte?« frage ich Jason. »Oder ist dir nur gerade ein Spiel eingefallen?« Ich bekomme keine Antwort.
»Ich hab' eine Idee«, sagt Simon. »Setz dich doch vor Joseph auf den Fußboden. Dann sieht er über dich weg.«
»Verstecken und gucken«, fügt Jason hinzu.
»Ach so, über Alex *weggucken*. Das ist sehr hilfreich, Jason. Dein Vorschlag auch, Simon.« Ich merke, daß ich für Jason eine neue Art von Respekt empfinde.
»Okay.« Alex ist mit dem Vorschlag einverstanden, und wir sind alle erleichtert. Er sitzt nun zwischen Josephs Beinen und ist zufrieden.
Gestern sah die Lösung des Problems so aus, daß Alex im Türrahmen saß, und vorgestern ließ er sich dadurch besänftigen, daß er auf meinem Schoß sitzen durfte. Die Platzwahl hat ohnehin rein symbolischen Wert, denn sobald Alex in einer Geschichte eine Rolle übernimmt oder seine eigene spielt, setzt er sich anschließend problemlos auf irgendeinen freien Platz. Er möchte eine Bestätigung dafür, daß seine Wünsche und Bedürfnisse ernst genommen werden und man im Notfall ihretwegen alles andere stehen- und liegenläßt. Solche Panikmomente kommen im Verlauf eines Tages bei verschiedenen Kindern vor, und die Aufmerksamkeit, die sie dann bekommen, beweist ihnen mehr als jedes andere Lehrerverhalten, daß die Schule ein Ort ist, an dem sie sich geborgen und sicher fühlen können.
In der Frühstückspause spreche ich das Thema an, wie man sich aussucht, wo man am liebsten sitzen möchte. Das ist ein

wichtiges Problem, denn jedes Kind spielt irgendwann einmal die Frage durch: Kann ich andere zwingen, mir den Platz freizumachen, den ich selbst gerne haben will?
»Joseph, wie kann Alex sein Problem lösen? Er möchte beim Geschichtenerzählen immer neben dir sitzen.«
»Ich könnte ihm einen Platz freihalten.«
»Simon und Petey, wärt ihr damit einverstanden, daß Joseph das macht?«
»Dann halte ich Petey einen Platz frei«, beschließt Simon.
»Mir auch«, drängt Katie.
»Wißt ihr was, Kinder? Ich habe früher den Kindern nie erlaubt, einen Platz für jemanden freizuhalten.«
»Warum?«
»Vielleicht deswegen, weil unser Lehrer das nie erlaubt hat, als ich noch klein war. Aber einmal habe ich mit Miss Silverman darüber gesprochen, mit der Lehrerin von Gruppe 4, und wißt ihr was? Sie hat nur gelacht.«
»Warum hat sie gelacht?«
»Sie hat gesagt: ›Du hältst mir doch bei den Lehrerkonferenzen auch immer einen Platz frei. Oder ich halte einen für dich frei, wenn ich zuerst da bin.‹«
Die Kinder sind einen Augenblick lang still und denken über meine Geschichte nach. Dann fangen sie an zu lachen, einer nach dem anderen, und ich lache mit ihnen. Wir finden alle, daß ich gerade einen guten Witz erzählt habe.
»Du warst aber blöd, stimmt's?«
»Ja. Ich habe den Kindern etwas verboten, was ich selbst dauernd mache.«
»Dann hast du es uns nicht mehr verboten, oder?«
»Ja. Und wenn ich es je vergesse, müßt ihr mich daran erinnern.«

* * *

Ich frage mich, ob ich es geschafft habe, in 85 Prozent der Fälle so positiv zu reagieren, wie Fritz es mir vor Jahren nahegelegt hat. Immer wieder ertappe ich mich dabei, daß ich viel zu ungeduldig bin.

Ein Beispiel: Joseph erzählt eine komplizierte Dinosaurier-Geschichte, die mich zu vielen Fragen veranlaßt, und später findet bei den großen Bauklötzen eine noch chaotischere Version der gleichen Geschichte statt, auf die ich mich stürze wie ein schlechtgelaunter Drache.

Die Sache ist insofern wichtig, als das spontan ausagierte Drama Joseph hilft, für sich einen schwierigen Gedankengang zu klären, was ihm mit der aufgeschriebenen Geschichte nicht gelungen war.

Der Drache hat zwei Köpfe. Dann kommt ein uralter Drache. Dann war zuerst das Baby da, und das Baby wurde umgebracht. Das andere Baby. Ich bin der Dinosaurier-Junge, und dann bin ich der Dinosaurier-Opa.

»Gibt es zwei Drachenbabys?« frage ich nach.
»Nein. Zuerst ist er ein Baby, und dann ist er groß. Der Papa. Dann war ich groß. Ich und der Papa und der Opa machen den Drachen tot.«
»Bist du der Opa oder der Junge?«
»Ich bin immer noch der Junge, weißt du, aber ich bin jetzt groß.« Joseph bringt die Trennung zwischen den verschiedenen Generationen nicht so ganz auf die Reihe, aber kurz darauf gelingt ihm beim Spielen der Übergang.
»Wir würden den Drachen totmachen, Alex.«
»Bin ich der Papa?«
»Ja. Ich bin der Bruder, und dann bin ich der Großvater. Das ist der König der Dinosaurier, weil der Junge ganz, ganz groß ist. Dann war ich der Junge.«

»Bin ich immer der Papa?« will Alex wissen.
»Ja, aber zuerst bin ich der Bruder, weil der Papa und der Bruder den Drachen getötet haben. Der Drache war ein Baby, und dann wird er wieder lebendig... und... das heißt, ich bin alt... zuerst müssen wir den Drachen wieder lebendig machen, und davor bin ich der Bruder.«
Die Jungen reihen immer mehr Klötze an den Schwanz des Drachen, so daß er schließlich bis zum Geschichtentisch reicht. »Länger! Feuer! Das Feuer würde hier rauskommen! Huh! Eisigheiß! Länger, er wird lebendig! Opa! Das bin ich. Keine Sorge. Hier bin ich lebendig. Mach ihn fertig. Mach ihn tot, tot, tot!«
Da greift die Lehrerin ein. Statt Fragen zu stellen, beschwere ich mich: »Schaut euch diese Unordnung an, Jungs! Hier kommt ja keiner mehr durch.« So kommt es also zu einem Zusammenstoß zwischen der inneren Logik des Spielens und der gereizten, ungeduldigen Stimmung einer Erwachsenen.
Zu Hause, als ich mir die Spielsequenz auf der Kassette anhöre, bin ich noch mehr von meinem Verhalten enttäuscht. Der Begriff »Junge« und »Großvater« — Vergangenheit, Gegenwart und Zukunft — wird bei dem Spiel mit den Klötzen sehr viel deutlicher als bei der aufgeschriebenen Geschichte.
Jason verfolgt die Vorgänge mit ungewöhnlichem Interesse. Als die Jungen sich daranmachen, die Klötze aufzuräumen, meint Jason: »Böser Junge.« Dabei schaut er Joseph an.
»Bin ich nicht, Jason.«
»Böser Junge.«
»Jason, sagst du das, weil ich mich über die Unordnung geärgert habe?« frage ich.
Plötzlich wirft Jason seinen Flughafen um, rennt zu einem anderen Bauwerk aus Klötzen und zerstört das ebenfalls. Offenbar spielt er jetzt die Drachenszene. Ich bin mir sicher, daß er

darauf wartet, daß ich das wiederhole, was ich zu Joseph und Alex gesagt habe.

»Jason! Schau dir diese Unordnung an. Hier kommt ja keiner mehr durch.«

Er macht ein zufriedenes Gesicht. »Es ist bis zum Himmel rauf gebombt. Donner und Blitz ist gekommen.«

»Na gut, solange ich Joseph und Alex helfe, kann ich dir ja auch helfen, Jason. Komm, wir räumen die Klötze weg.«

»Bin ich böse?« fragt Jason.

»Nein. Du und Joseph und Alex, ihr seid alle drei gut. Und ihr seid gute Klötzeaufräumer.«

»Sarah ist ganz böse«, sagt er leise.

»Wer ist Sarah?« erkundigt sich Alex.

»Sie spuckt immer.«

»Dein Baby?«

»Keinem sein Baby!«

Er sagt kein Wort mehr über Sarah. Jason wirft den Rest der Mauer seines Flughafens um und macht sich sofort daran, die Klötze aufzuheben. »Ich spiele diese Geschichte«, sagt er, während er die Klötze einsammelt. »Das war ein ganz böser Mann. Böser Absturz, böser Absturz, hau den bösen Absturz.«

Geht es in Jasons Hubschrauber-Phantasie um Bösesein? Der böse Helikopter kommt auf die Bühne, und alle verjagen ihn; dann repariert Jason den Propeller, und der Hubschrauber ist gut. Gutsein ist sicherer. Vielleicht baut Jason seinen Flugplatz immer wieder auf, so wie Simon immer wieder die Höhle für sein Eichhörnchen gräbt, um einen Ort zu haben, wo er sich sicher fühlt.

»Hilfe! Da drüben ist ein Absturz!« alarmiert Simon Joseph. »Mach den Kamin zu!« Simons Eichhörnchenbau ist beschädigt; Jasons Hubschrauber ist kaputt; Lillys Baby ist ver-

schwunden. Die Unterschiede liegen vielleicht in der Häufigkeit und im Stil, nicht in der Bedeutung. Jasons Methode, eine Idee zu erforschen, verlangt unendlich viele Wiederholungen ein und desselben Verhaltens. Dabei stößt er dann auf Kleinigkeiten, die nicht stimmen, und agiert sie immer wieder aus.
»Fehler« ist ein Wort, das er sehr häufig verwendet. »Das ist ein Fehler, das ist ein Fehler, und das ist ein Fehler«, sagt er, während er eins seiner unendlich vielen Helikopterbilder malt. »Also der Hubschrauber hier ist nicht kaputt. Kein Fehler.« Mit dem perfekten Bild in der Hand geht er weg.
»Bewahrst du die anderen auch auf, Jason?«
»Sie haben einen Fehler.«
In meinen Augen sehen die Bilder alle gleich aus. »Darf ich das Bild sehen, das du da in der Hand hast? Ich würde die Fehler gern sehen.«
Wir legen die Bilder nebeneinander. »Zeig mir die Fehler, Jason.« Er bewegt den Finger über jedem Bild hin und her. »Da und da und da, Fehler und Fehler und Fehler.« Er agiert »Fehler« aus. Kaputtmachen und reparieren; durcheinanderbringen und wieder ordnen; zerschlagen und neu aufbauen. Böser Absturz und was noch alles dazugehört — eigentlich sieht das eher aus wie durchdachtes, planvolles Vorgehen und nicht wie sinnlose Zerstörungswut.
Diese empirische Methode der Versuchsanordnung kann nur dann richtig funktionieren, wenn Strafe als pädagogisches Mittel ausgeschlossen ist. Jason und die anderen Kinder haben die Möglichkeit, Gut und Böse zu erfahren, Sinn und Unsinn, ohne Strafen fürchten zu müssen. Gefährliche Handlungen werden selbstverständlich unterbrochen; aber nur, wenn es kein »Wenn du nicht sofort aufhörst, dann...« gibt, können die Kinder und ich unsere Fehler und Mißverständnisse als Lektionen zum Thema Ursache und Wirkung benutzen.

Die meisten unserer Irrtümer — und das gilt für Lehrer und Kinder gleichermaßen — sind im Grunde Fehleinschätzungen. Ich habe mich oft geirrt, aber kein Irrtum war meiner Ansicht nach so gravierend wie der »Pausenstuhl«. Ich hätte nie ein Kind in die Ecke gestellt oder es sonst irgendwie vor den anderen gedemütigt, doch diese »Alternative« habe ich eingesetzt, um ein Kind von einem Konfliktherd zu entfernen und ihm Gelegenheit zu geben, über sein schlechtes Betragen »nachzudenken«. Selbst die Tatsache, daß immer die gleichen Kinder auf diesem Stuhl landeten, brachte *mich* nicht dazu, über die Tauglichkeit dieser Maßnahme nachzudenken.
Ich wiederholte mein unlogisches Verhalten sehr viel häufiger, als Jason seinen Hubschrauber von der Flugbahn abweichen ließ, aber wir hörten beide mit unseren unnützen Eingriffen erst auf, als wir anfingen, den Geschichten der Kinder zuzuhören. Die dramatische Umsetzung von Konflikten wird solche sinnlosen Verhaltensweisen immer überflüssig machen — man muß es nur zulassen.
Wenn man ein Kind »einsperrt«, und sei es auch nur auf einem Stuhl, der mitten im Raum steht, wie könnte diese Maßnahme je ein vernünftiges Gespräch ersetzen? Die Vorstellung, eingesperrt zu sein, ist ein Phantasie-Element, das in den Geschichten und Spielen der Kinder häufig vorkommt, aber da kann es letztlich zu persönlicher Kontrolle über eine Situation und zu sozialer Weiterentwicklung führen und dient möglicherweise als intellektuelle Stimulation. Mein Stuhl hingegen hatte nichts zu bieten außer Schweigen, Wut und einem Gefühl der Ausweglosigkeit. Ein Kind kann über soziales Verhalten genausowenig in abstrakten Begriffen denken, wie ich abstrakt unterrichten kann. Kinder »denken«, indem sie spielen und neue Rollen entwickeln; Lehrer »denken«, indem sie beobachten, wie ein Kind aus einer unhaltba-

ren Position herauskommt und die Dynamik des Klassenzimmers begreifen lernt.

»Fang das Kind!« schreit Alex Jason an. »Bind ihn an die Stühle. He-Man! Das Kind da hat unser Schloß kaputtgemacht!«
»Polizei! Ich rufe die He-Man-Polizei. Hier ist ein Einbrecher!«
»Mein Propellerflügel ist kaputt«, wimmert Jason und schaut sich das Chaos an, in das er Alex' Bauwerk verwandelt hat. »Ich repariere den Propeller.«
»Polizei! Der Einbrecher repariert gerade seinen Hubschrauber. Mach-das-ja-nicht-wieder-kaputt-oder-du-sitzt-kilometerlang-im-Knast.«
»Okay«, ruft Jason aus seinem Flughafen.
Wie hätte der »Pausenstuhl« diese Situation besser lösen können? Jasons grundlose Destruktivität wurde in die Spielhandlung integriert, und Alex, der selbst häufig von dieser Art dramatischer Logik profitiert, hat eine vernünftige Lösung gefunden. Mit der Drohung, »kilometerlang« im Knast sitzen zu müssen, kann der Pausenstuhl sowieso nicht mithalten. Es ist nicht Sache des Lehrers, einzugreifen und die Einbrecher ins Gefängnis zu werfen; wir können uns ruhig auf die Phantasie-Experten verlassen und sie ihr Drehbuch selbst schreiben lassen, während wir nach Möglichkeiten suchen, das Ergebnis zu diskutieren.
Gail und Trish schneiden ein Thema an, über das wir schon vorher häufig gesprochen haben: Sie glauben, sich nicht durchsetzen zu können, wenn sie keine Möglichkeit haben, wiederholte Ungezogenheit zu bestrafen.
»Frustriert es euch zu sehr?« frage ich.
»Allerdings«, erwidert Gail. »Bei dir funktioniert es ja, aber du

hast ja auch soviel Erfahrung als Lehrerin. Wenn ich alleine in einem Klassenzimmer bin, brauche ich meiner Meinung nach irgendeine Art ›letzte‹ Instanz, mit der ich die Kinder in Schach halten kann.«
»Ich komme mir so machtlos vor«, fügt Trish hinzu. »Sogar jetzt.«
»Ich verstehe das gut. Aber ich muß euch etwas sagen. Wenn man erst einmal mit Drohungen und Strafen anfängt, verändert sich der Unterrichtsstil völlig. Schwierige Kinder und verwirrende Situationen werden nicht mehr als Probleme gesehen, mit denen man umgehen kann; statt dessen schafft man die übliche Klassenzimmersituation, bei der die Strafe zum zentralen Thema wird. Die Lehrer kündigen die Strafe an, die Kinder reagieren darauf. Es tut mir leid, aber ich bin der festen Überzeugung, daß es absolut kontraproduktiv ist, kleine Kinder für etwas zu bestrafen, was sie noch gar nicht gelernt haben — sei es im Bereich des Sozialverhaltens oder sonst irgendwo. Es läßt *keinen konstruktiven Dialog* aufkommen.« Ein Blick auf meine Kolleginnen zeigt mir, daß ich ihre Zweifel keineswegs ausgeräumt habe.

Diese Diskussionen mit Gail und Trish führen oft dazu, daß ich mich in meine Anfangsjahre als Lehrerin zurückversetzt fühle. Damals habe ich ähnlich empfunden wie die beiden: daß ich nicht unterrichten kann ohne »letzte Instanz«. Es schien mir völlig unmöglich, auf den Pausenstuhl, diese von mir gewählte Form der Strafe, zu verzichten. Bis schließlich die sprachlose Traurigkeit der auf den Stuhl verbannten Kinder in mein Bewußtsein drang.
Wenn ich mir meine alten Schulaufzeichnungen ansehe, finde ich viele entmutigende Vorfälle. »Charles sitzt immer seitlich auf dem Pausenstuhl«, lautet ein Kommentar. »Er gräbt sein

Kinn in die Fäuste und kämpft mit den Tränen.« Auf den nächsten Seiten winde ich mich richtiggehend bei der Beschreibung seiner Stimmung: »Er sieht so enttäuscht aus. Ja, enttäuscht ist das richtige Wort. Von sich enttäuscht oder von mir? Vor ein paar Minuten war er noch Luke Skywalker.«
Sicherlich hatte Luke mehr innere Logik als der Stuhl, aber dazu habe ich nichts notiert. Seine wilden Verfolgungsjagden hatten wenigstens den Vorteil, daß es eine Handlung und einen Helden gab. Mein Stuhl hingegen war eine bedingungslose Kapitulation. Was wäre, wenn der Rektor mich aus der Ecke mit den Bauklötzen weggeschickt hätte, um über die Probleme nachzudenken, bis die Kinder konstruktiver spielen?
»Es tut mir leid, daß du schon wieder hier sitzen mußt, Charles«, entschuldigte ich mich immer wieder, »aber du mußt endlich lernen, daß du andere Kinder nicht schubsen darfst, verstehst du das?«
Aber Charles verstand es nicht. Eingesperrtsein hilft einem Kind nur selten, etwas zu verstehen und es nicht mehr zu tun. Aber allen war klar, daß dieses Kind böse war. Den Beweis dafür bekam ich spätestens an dem Tag, als der Stuhl weg war.
»Wo ist der blaue Stuhl?« erkundigte sich Ellen.
»Mr. Jackson muß ihn reparieren.«
»Dann ist heute also niemand böse«, folgerte sie.
»Wenn kein Pausenstuhl da ist, ist dann auch niemand böse?« hakte ich nach, um sicherzugehen, daß ich sie richtig verstanden hatte.
»Natürlich nicht. Es geht ja gar nicht.«
Und trotzdem setzte ich den Stuhl auch danach noch ein. Selbst als Fritz, der Student, der in meiner Klasse seine Forschungsarbeiten durchführte, mir anhand seiner Tabellen nachwies, daß Charles keineswegs am »ungezogensten« war, fand ich immer wieder einen Grund, ihn auf den Stuhl zu set-

zen. Es dauerte ganze fünf Jahre, bis ich schließlich beschloß, daß es möglich sein mußte, ohne irgendeine Form von Strafe zu unterrichten.
Bei einer Gruppe, die ich für außerordentlich schwierig hielt, gab ich endlich den Stuhl auf. Ganz plötzlich. Unwiderruflich.
»Wir nehmen den Pausenstuhl nicht mehr«, verkündete ich.
Die Kinder waren verblüfft. Sie starrten den blauen Stuhl ungläubig an.
»Warum nicht?« fragte William.
»Weil er nichts bringt. Ich habe genau aufgepaßt. Niemand benimmt sich besser, nachdem er auf dem Stuhl gesessen hat.«
»Ich schon«, beharrte William.
»Aber am nächsten Tag sitzt du wieder auf dem Stuhl«, entgegnete ich.
»Und danach bin ich wieder brav«, erklärte er. Hatte das am häufigsten »eingesperrte« Kind Angst davor, sein Gefängnis zu verlieren?
»Nein, ich habe mich entschlossen. Ihr müßt alle lernen, euch richtig zu benehmen, ohne den Pausenstuhl. Überhaupt ohne jede Strafe. Ich habe es satt, irgend jemanden zu bestrafen. Es macht die Kinder traurig, und mich auch.«
»Wie wird William dann brav?« überlegte Jill.
»Wir reden einfach darüber«, meinte ich. »Und außerdem ist ja William auch nicht der einzige, der auf dem Stuhl sitzt.« Aber alle wußten, daß er am häufigsten dort anzutreffen war.
Der Stuhl drückte ihm einen Stempel auf — in meinen Augen, in den Augen der Kinder, und was das schlimmste war, auch in seinen eigenen Augen. Ich war plötzlich richtig erleichtert. Der Stuhl war zu einem nutzlosen und potentiell schädlichen Ritual geworden.
Ich griff nie wieder auf diese Methode zurück, aber es dauerte

eine ganze Weile, die Lücke zu füllen. Die Rolle des Strafenden abzulegen bedeutete noch nicht automatisch, daß ich den Mantel des Dialektikers überzog. Ich wünschte mir zwar eine konstruktive Diskussion, aber oft erwischte ich mich dabei, wie ich den Kindern statt dessen Vorwürfe machte.
»Du kannst nicht dauernd so schubsen und herumstampfen, William. Schau, jetzt hast du Marni zum Weinen gebracht und ihr ganzes Geschirr umgeworfen!«
»Ich bin ein böser Wolf«, knurrte er.
»Dann mußt du eben etwas anderes sein«, fuhr ich ihn an. »Du machst den anderen das ganze Spiel kaputt.«
Das war nun alles andere als ein produktiver Wortwechsel, aber ohne den Pausenstuhl konnte das Spiel wenigstens weitergehen. Und ich konnte besser beobachten, wie Kinder denken. Strafe war kein Thema mehr, die Energien suchten sich kreativere Pfade. Williams Spielkameraden waren bereit, die Logik seines Verhaltens zu prüfen und ihr Spiel entsprechend auszubauen.
»Das Haus hat keinen Kamin, William«, erläuterte Marni, »also kann der Wolf nicht reinkommen.«
»Dann wär' ich wütend, weil ich gemerkt habe, daß du keinen Kamin hast, und dann würdest du es vergessen, und du hättest eigentlich ...«
»Aber die gute Hexe ...«
»Nein, sie ist eine böse Hexe, aber ...«
»Nein, sie ist eigentlich ein guter *Wolf!* Sie ist deine Wolfsmama, William.«
»Keine Wolfsmama! Ein böser Wolf hat keine Wolfsmama. Gr-r-r-r!«
»Jetzt macht William es wieder!« Dieser Hilferuf galt mir. »Er ist ganz gemein!«
Das war sicher richtig, aber es war nun nicht mehr meine Sa-

che zu entscheiden, ob Williams Verhalten bestraft werden mußte. Statt dessen verfolgte ich einfach den Verlauf der Handlung. Ich interessierte mich stärker für seine Argumentation und machte mir weniger Sorgen um sein Benehmen. Nachdem ich ihm also gesagt hatte, er sollte aufhören, Marni zu ärgern, konnte ich ihn fragen:
»Warum kann ein böser Wolf keine Mutter haben?«
»Mütter sind nicht im Wald. Sie sind in der Höhle«, antwortete er trocken.
»Wenn du in der Höhle bist, dann bist du nicht böse?«
»Nein, nur im Wald, da bin ich böse.«
»Und nicht in Häusern«, ergänzte Marni. »Ich bin eine andere Mutter in einem Haus.«
»Könnte eine andere Mutter in einem Haus einem bösen Wolf etwas zu fressen geben?« erkundigte ich mich.
»Wenn er nicht knurrt«, erklärte sie.
Hier ging es um angemessenes Verhalten, um Logik, und ehe wir noch damit fertig waren, wurden neue Pläne entwickelt. Das Klassenzimmer wurde sehr viel interessanter für mich, als ich entdeckte, daß ein Kind oft am ehesten über das Spielgeschehen zu vernünftigem Verhalten findet. Das Streben nach Kameradschaftlichkeit und die Erfordernisse jeder dramatischen Umsetzung lieferten wesentlich bessere Gründe, sich positiv zu verhalten, als die undurchsichtigen Maßnahmen, die ein Erwachsener ergriff — zum Beispiel in Form eines Stuhls.
Die Entscheidung lag bei mir: ich konnte schlechtes Benehmen als »böse« ansehen und daher als etwas, was bestraft werden mußte, oder ich konnte dieses unerwünschte Verhalten als Mißverständnis in einem gerade entstehenden Drehbuch verstehen, als unglückliche dramaturgische Entscheidung, die noch einmal überarbeitet werden mußte. Einem

Schauspieler wird nicht einfach gleich gekündigt, nur weil die ersten Proben nicht besonders gut laufen, sondern wir nehmen uns das betreffende Stück vor und analysieren es, um seine innere Logik herauszuarbeiten und so die Aufführung zu verbessern.

Der Gedanke, schlechtes Betragen als schwache darstellerische Leistung zu sehen, gefiel mir gut. Vielleicht konnte ich ja meine eigenen Geschichten erfinden und in ihnen Verhaltensänderungen vorschlagen? Es war bestimmt keine schlechte Idee, wenn man William in der Puppenecke eine andere Spielvariante präsentierte.

»William, könntest du nicht spielen, daß du ein Wolf bist, der nicht dauernd alles umwirft? ›Es war einmal ein böser Wolf, und seine Wolfsmutter war weit weg in der Höhle, aber eine andere Mutter ließ ihn herein, und er knurrte nicht...‹«

»Böse Wölfe knurren immer, weißt du.«

»Ich weiß, aber wenn die Mutter das nicht mag, wo könnte er denn dann knurren?«

Ein andermal beobachtete ich, wie William Marnis Puppe in den Armen wiegte. Ich sagte: »Das erinnert mich an das Buch, das ich gestern vorgelesen habe, *Mein kleiner Teddybär*, weißt du noch? Du bist so lieb zu dem Baby wie Lisa in der Geschichte zu dem Spielzeugteddy.«

Solche Geschichtenerzähl-Experimente schienen vielversprechend. Ich war auf der Suche nach neuen Methoden, mit denen ich das Verhalten der Kinder und die auftretenden Probleme besser verstehen konnte. Nachdem ich den Pausenstuhl abgeschafft hatte, mußte ich ihn durch eine konsequente und positive Unterrichtsstrategie ersetzen. Es genügte nicht, Fehlverhalten einfach als Mißverständnis abzutun. Die Frage war: Wie konnten diese »Irrtümer« konstruktiv eingesetzt werden, als legitime Lernerfahrungen? Ich wollte so oft

wie möglich Negativbilder durch positive und aktive Rollen ersetzen.
»William, du hast Tim wirklich geärgert. Jetzt weint er. Aber es geht ihm nicht besser, wenn ich böse mit dir bin, also will ich zu euch beiden nett sein. Vielleicht bist du dann auch nett zu Tim.«
Mir war klargeworden, daß ich störendes Verhalten nicht einfach ausklammern und gegen das Hauptgeschehen im Klassenzimmer absetzen konnte; jedes »begleitende« Verhalten war ebenfalls Teil des Unterrichts und des Lernprozesses. Genauer gesagt: der Unterricht war Teil des Lebens im Klassenzimmer, eines Lebens, das ebenso wirklich war wie das Leben zu Hause und das ebenso wichtige menschliche und zwischenmenschliche Probleme mit sich brachte, die unsere ungeteilte Aufmerksamkeit verdienten. Der Stuhl, mit seiner negativen Besetzung und seinem Zwang zur Passivität, war schlichtweg ein absoluter Mißgriff.
Noch etwas anderes war mir klargeworden, und das hatte sehr viel zu tun mit der goldenen Regel, die ich wie jedes Kind gelernt, die ich aber als Lehrerin im Klassenzimmer nicht oft genug angewandt hatte: ich durfte ein Kind nicht anders behandeln, als ich selbst behandelt werden wollte. Die Fehler, die ich im Unterricht gemacht habe, hat noch nie jemand mit Isolation, Demütigung und erzwungener Passivität bestraft, und ich wollte diese Strafmaßnahmen auch bei den Kindern nicht mehr anwenden.
Außerdem erwarte ich ja auch, daß man im Zweifelsfall zu meinen Gunsten entscheidet, also will ich das auch den Kindern zugestehen. Was ist, wenn ich mich irre und meine Wahrnehmung falsch ist? Hatte ich mich nicht auch in meiner Einschätzung von Charles getäuscht? Die Konsequenzen der Forschungsarbeit, die Fritz in meiner Gruppe durchgeführt

hatte, begriff ich nicht sofort, aber man hätte mir meine eigene Fehlbarkeit kaum deutlicher vor Augen führen können. Das darf ich nie vergessen.

* * *

»Morgen ist Elis Geburtstag.«
»Wie alt wird er?« fragt mich Lilly.
Eli hält vier Finger hoch. »Morgen bin ich groß.«
»Ich bin schon groß«, verkündet Alex. »Vier groß.«
»Meine Schwester ist fünf«, prahlt Katie.
Eli möchte wieder ins Scheinwerferlicht. »Ich bin jetzt stärker. Ich verwandle mich in einen Jäger.«
»Eli, dafür mußt du noch größer sein«, weist ihn Alex zurecht. »Wenn du ein Papa bist oder ein Teenager.«
»Ich habe einen Hubschrauber gesehen, da mußte man draußen sein, um ihn zu fliegen«, wirft Jason ein.
Hat diese Bemerkung irgend etwas mit unserem Gespräch zu tun? Oder denkt Jason nur einfach an Dinge, die Erwachsene tun können? Ich behandle Jasons Einwurf so, als gehörte er zum Thema.
»Muß man ein Papa sein oder ein Teenager, um so einen Hubschrauber fliegen zu können, Jason?«
»Ich habe einen Hubschrauber gesehen, der war ganz, ganz, ganz hoch, und man muß draußen sein, um ihn zu fliegen.«
Jason geht bei einer beiläufigen Unterhaltung oder auch bei einer förmlicheren Diskussion nur selten auf das allgemeine Thema ein. Beim Spielen jedoch hat er auf diesem Gebiet zweifellos große Fortschritte gemacht. Wie kommt es, daß sich ausgerechnet die am wenigsten strukturierte Aktivität, für die es keine Anleitung und keinen offiziellen Lehrplan gibt, als die beste Methode herausstellt, wenn man Konzentration auf ein

bestimmtes Thema einüben will? Die Antwort lautet selbstverständlich, daß das Rollenspiel *keineswegs* eine völlig unstrukturierte Aktivität ist. Allerdings wird die Struktur nicht vom Lehrer vorgegeben. Die Kinder benutzen die verläßlichste Struktur, die je erfunden wurde, um über irgend etwas nachzudenken: eine Geschichte.

Jason hat alle Gespräche über Elis Geburtstag ignoriert, und bei der Feier selbst spricht er nur von seinem Hubschrauber. Als aber am nächsten Tag in der Puppenecke eine Geburtstagsszene gespielt wird, leistet Jason einige ganz wichtige Beiträge.

»Wir spielen, der Babyteddy hätte Geburtstag, Eli«, schlägt Lilly vor. »Du bist der Babyteddy. Jemand hätte deine Bären gestohlen, und dann hätte jemand deine Bären gefunden, und du hättest Geburtstag.«

»Ich hätte sie für dich zurückgestohlen«, sagt Jason.

»Wer bist du, Jason?« fragt Lilly.

»Ich habe den Bär gefunden.«

»Oh, komm rein, komm rein. Guck mal, Vater, da ist jemand, der unseren Bär im Wald gefunden hat und ihn dem Monster weggenommen hat.«

»Nein, nicht dem Monster. Der Bär hat sich im Wald verlaufen. Ich bin spazierengegangen.«

»Hast du Heidelbeeren für den Geburtstag von Babyteddy gepflückt?«

»Hier sind die Heidelbeeren«, sagt Jason und gibt Lilly ein Stückchen Knete. Er setzt sich in einen Schaukelstuhl und schaukelt; seinen Hubschrauber hält er in der Hand. Dabei summt er zusammen mit Lilly. Auch Eli beginnt zu summen. Sie alle lernen gerade ganz intensiv eine wichtige Lektion: Niemandes Beitrag ist überflüssig.

Die diktierten Geschichten geben mir die beste Möglichkeit, den Kindern zu helfen, ihre Ideen in einem klaren Rahmen zu strukturieren, beim Spiel jedoch leiten die Kinder selbst diesen Prozeß in die Wege. Jason lernt, sich auf das Thema eines anderen Kindes einzustellen und zu seiner Entwicklung beizutragen. Bei Unterhaltungen oder beim Geschichtenerzählen gelingt ihm das noch nicht so recht, aber beim Spielen macht er einen Riesenschritt nach vorne.

»Das ist eine Hubschraubergarage«, verkündet Jason. »Sie steht nicht, sie stürzt nicht ein...«

»Stell aber deinen Hubschrauber nicht auf mein Haus«, warnt Edward.

»Ping, ping, ping. Hörst du den Propeller, Edward?«

»Ich kann ihn nicht hören. Die Fenster sind zu.«

Prüfend betrachtet Jason Edwards Bauwerk von oben bis unten. »Es ist zu hoch«, meint er. »Die Leute da drin verletzen sich.«

»Hier sind Bären drin, Jason.«

»Die Bären und die Leute verletzen sich. He, guck mal, mein Hubschrauber kann sich bewegen. Über dein Bärenhaus. Er ist drübergeflogen.« Jason hat seinen Flughafen nicht verlassen, aber er spielt, daß er über Edward fliegt. »Uuuuuu, er fliegt über dein Haus. Mach die Fenster auf.«

»Ja, ich seh's«, sagt Edward.

»Hast du gehört, wie er, brummmmm, über dein Haus fliegt?«

»Nein, ich hab' es nicht gehört, weil die Fenster zu sind.«

»Ich glaube, jemand hat die Fenster aufgemacht.«

»Ja, stimmt. Ich hab' den Hubschrauber gehört.«

Es gibt Momente, da gebe ich vor, sehr beschäftigt zu sein. Ich ordne Bilder oder schneide Papier für die Klebeschachtel aus, aber eigentlich höre ich ganz genau zu. Ich lasse die Wogen der Phantasie über mich hinwegrollen.

Samantha und Joseph kommen vom Spielplatz hereingerannt und fuchteln mit kleinen Zweigen in der Luft herum. Sie platzen fast vor Einfällen; ich kann es kaum erwarten zu erfahren, was für eine Geschichte sie gleich spielen werden, vor allem, weil ich noch gut zwanzig Minuten auf meiner Kassette habe.
»Pufff! Verwandelt euch in ein Schwert! Zwei Schwerter können sich in ein Schwert verwandeln. Ein Schwert kann sich in hundert Schwerter verwandeln.«
»Rette mich, Superman! Verwandle mein Schwert in hundert Regenbogen.«
»Okay. Da! Hundert Regenbogen. Jetzt habe ich sie in hundert Pfeile verwandelt, bis zu Gott.«
Ihre spontane Poesie ist wunderbar. Nur im Spiel können sie so hoch klettern und so weit sehen, und Jason steht als Dichter den anderen in keiner Weise nach. Er kommt vom Spielplatz herein, um aufs Klo zu gehen, aber in der Tür zögert er einen Moment.
»Hallo, Jason«, ruft Samantha. »Du kannst das Regenbogenbaby sein. Joseph ist der Papa.«
»Kann ich nicht. Ich muß gleich wieder raus.«
»Warum?«
»Weil ich ganz schnell hin und her renne, so schnell wie der Himmel und schneller als die Wolken.«
»Spielst du, du wärst ein Hubschrauber?«
»Nein, ein richtiger Hubschrauber.«
»Richtig gespielt?«
»Nein, einfach nur ein Hubschrauber.«
Abstraktes Denken bringt uns nicht weiter. Um mehr zu erfahren, muß ich den Kindern beim Spielen zuhören.

Am Morgen beginnt Jason ein neues Forschungsprojekt. Als ich später Gail und Trish davon erzähle, nenne ich es »entschlossene Ambivalenz«.

»Meine Geschichte ist in meinem Haus«, sagt er. »Nein, sie ist nicht in meinem Haus.« Er sitzt in seiner Hubschraubergarage und schafft bewußt ein Dilemma.
»Willst du damit sagen, daß du uns eine Geschichte über deine Hubschraubergarage erzählen möchtest?«
»Nein. Ja. Nein, ich will.«
»Soll ich dich auf die Liste schreiben?«
»Nein. Meine Geschichte ist in meinem Haus.«
Samantha greift ein. »Er meint, er will in seinem Haus bleiben und seine Geschichte erzählen.«
»Nein. Ja.«
»Es fällt dir schwer, dich zu entscheiden, Jason. Ich frag' dich später noch einmal.«
Der Vorfall weckt Simons Neugier. Er beschließt, Jasons Strategie zu testen. »Kann ich reinkommen, Jason?«
»Ja. Nein, ich will alleine spielen.«
»Hast du ja gesagt?« fragt Simon.
»Ja, nein, ich will allein spielen.«
»Willst du, daß ich mit dir spiele?«
»Ja ... nein.«
»Na, egal«, sagt Simon langsam. »Ich spiele gerade mit Joseph, da kann ich sowieso nicht reinkommen. Hier, mach das über die Benzinpumpe von deinem Hubschrauber.« Er reicht Jason einen hölzernen Zylinder und läuft weg. Jason legt das unerwartete Geschenk neben seinen Hubschrauber. »Brrummm. Ja, nein, ja, nein, komm rein, geh raus, brrummm.« Er wirft den Zylinder hinaus.
Sein oder Nichtsein, Geben oder Nichtgeben. Das Problem scheint Jason auch während der Frühstückspause zu beschäftigen. »Ich möchte gern Rosinen«, sagt er und nimmt sich eine Handvoll, »aber ich möchte sie nicht«, und legt sie zurück.

»Jason, möchtest du die Rosinen oder nicht?«
Er nimmt sich wieder eine Handvoll und legt sie blitzschnell in meine Hand. »Ja, nein.« Er verzieht dabei keine Miene.
Was geht hier vor sich, überlege ich mir. Agiert er seine Unsicherheit in puncto Schule aus — oder will er uns nur ärgern? Auf jeden Fall erreicht er mit seinem Verhalten, daß kein Freund in seinem Haus ist und daß er keine Rosinen in der Hand hat.
Gail und Trish finden das alles sehr lustig. »Er agiert das gute alte Klischee aus: widersprüchliche Botschaften«, lacht Gail.
»Meinst du, ich nehme es zu wichtig?« frage ich.
»Na ja, könnte es nicht sein, daß er sich einfach einen Spaß erlaubt? Vielleicht ist es ein Spiel, das bei ihm zu Hause gespielt wird.«
»Oder vielleicht agiert er tatsächlich die Idee widersprüchlicher Botschaften aus — und *ich* bin diejenige, die das Spiel spielt, das ihn neugierig macht?«
»Wie meinst du das?«
»Na ja, also ich habe den Eindruck, daß ich das bei Jason öfter mache als bei den anderen Kindern. Hier ist ein gutes Beispiel: Gestern hat Jason seinen Hubschrauber kurz auf Simons Eichhörnchenbau abgestellt. Ich weiß, wie scharf Simon darauf ist, den Hubschrauber in sein Eichhörnchenspiel zu integrieren, also habe ich so was gesagt wie: ›Ich sehe, dein Hubschrauber spielt im Eichhörnchenbau.‹ Beide Jungen waren völlig perplex, weil es ganz offensichtlich nicht zutraf. Dann habe ich versucht, aus *meiner* Höhle herauszukommen, und habe gesagt: ›Ich meine, es sieht so aus, als würde er es tun.‹«
Gail lächelt mich an. »Jason fragt sich also, was für ein Spiel *du* spielst?«

»Tja — warum sollte ich so tun, als würde er mit Simon spielen, wenn es doch gar nicht stimmt?«
»Stimmt, es ist ein bißchen wie bei Jason — erinnert ihr euch, als er zu Simon gesagt hat, er sei draußen vor dem Fenster, aber es war gar nicht so«, wirft Trish ein.
»Genau. Und ich als Lehrerin mache genau das gleiche. Das ist ja wohl auch nicht so ganz das richtige.«

Ich habe mit diesen Paradoxen sehr zu kämpfen, und Jason geht es genauso. Er agiert weiterhin die Ergebnisse seiner Nachforschungen aus, bis er schließlich zufrieden ist. »Meine Geschichte ist in meinem Haus«, sagt er einen Tag später wieder zu mir.
»Du spielst in deinem Haus?« frage ich.
»*Meine Geschichte* spielt in meinem Haus.«
»Nicht auf dem Papier«, schlage ich vor. Ich bin jetzt nicht mehr ungeduldig; ich bin wirklich neugierig. Jetzt kann ich mein Bestes geben. »Noch nicht auf dem Papier, Jason? Aber wenn du neben mir am Geschichtentisch sitzt, nimmst du die Geschichte, die in deinem Haus ist, und wir schreiben sie dann auf das Papier?«
»Ohne Wörter«, entgegnet er.
»Oh, *ohne* Wörter. Du möchtest mir die Geschichte erzählen, aber du willst nicht, daß ich sie aufschreibe.«
»Er meint es so, wie ich es damals gemacht habe, weißt du noch?« erklärt Simon.
»Jason, denkst du dir eine Geschichte aus, während du in deinem Haus spielst, und du möchtest sie im Geschichtenzimmer aufführen, ohne daß sie vorher aufgeschrieben wird? So wie bei Simon vor ein paar Tagen?«
»Ja. Nein.«
»Aber vielleicht?«

»Ja. Das meint er«, bestätigt Simon.
Es spielt keine Rolle, ob wir entschlüsselt haben, was Jason eigentlich meint. Simon und ich haben das Thema mit dem gebührenden Ernst behandelt. Wir nehmen Jasons Verhalten als eine Übung in Logik, und Jason macht mit. Wenn man das mit vierundzwanzig Kindern multipliziert, hundertachtzig Schultage im Jahr, dann hat man einen Intensivkurs in Sprache und Denken. Wenn man allerdings das Spiel und das Geschichtenerzählen wegläßt, ist der Unterricht in diesem Fach fade und langweilig.
»Ich möchte *hier* sitzen«, sagt Jason, als wir es uns im Geschichtenzimmer bequem machen.
»Nein, setz dich nicht neben mich!« sagt Alex bestimmt und rückt neben Samantha, die sofort den Platz einnimmt, den er gerade freigemacht hat.
»Ich möchte nicht dich, Samantha«, erklärt Jason und besetzt den leeren Platz neben Alex, und diesmal hat Alex keine Einwände. All diese Jas und Neins kommen so schnell, daß ich gar nicht genug Zeit habe, um zu reagieren, aber es ist klar, daß die Kinder diese Verhaltensweisen für logisch und sozial angemessen halten.
Alex' Geschichte behandelt heute die Ja-Nein-Frage in dramatischer Form. Er hat gerade eine respektlose Geschichte über die drei kleinen Schweinchen gehört, vorgetragen von Samantha, und sofort stellt er ein literarisches Ja gegen ihr Nein. Hier ist Samanthas Version:

Es waren einmal drei kleine Schweinchen. Und dann kam ein großer böser Wolf. Und die kleinen Schweinchen wurden von dem großen bösen Wolf aufgefressen. Und dann wurden sie von allen großen bösen Wölfen aufgefressen. Und wenn sie nicht gestorben sind, dann leben sie noch heute.

Alex reagiert scharf:

Die Schweinchen. Der große böse Wolf hat sie gefressen, aber er hatte eine Pistole in seinem Bauch, und die Schweinchen haben ihn kaputtgeschossen. Dann haben sie ihn zum Abendessen gekocht. Und wenn sie nicht gestorben sind, dann leben sie noch heute.

Ich überlege mir, was die Tatsache, daß Samanthas drei kleine Schweinchen von den Wölfen aufgefressen werden, mit ihrem Bedürfnis, Jason zu bemuttern, zu tun haben könnte. Und wo steckt in Alex' selbstbewußter Antwort auf ihre Geschichte das Kind, das weint, weil es nicht neben Joseph sitzen darf?
Die interessantesten Aspekte des Klassenzimmers sind für die Kinder die völlig verschiedenen Verhaltensweisen der einzelnen — selbst wenn diese Verhaltensweisen manchmal störend oder verwirrend sind. Kein einziges Kind würde wünschen, daß die Hubschraubergarage verschwindet. Jasons monomane Phantasie ist ein Symbol für die Integrität des Individuums. Und Alex, der wilde Löwe und Wölfefresser, muß einfach weinen, wenn er neben Joseph sitzen will und es nicht kann. Die Kinder wollen wissen, wie Erwachsene mit solchen Forderungen umgehen, weil sie zu gegebener Zeit ähnliche Wünsche äußern werden.
Was kann man für Alex tun, der eifersüchtig ist, und für Jason, der in die Geschichten anderer Kinder hineinfliegt? Solche Fragen gehören zu den wichtigsten und konstruktivsten, die in einem Klassenzimmer gestellt werden können. Und wenn vierundzwanzig Kinder und ihre Lehrer jeweils die verschiedenen Phantasievorstellungen und die widersprüchlichen Wünsche analysieren, ist das eine Arbeit, bei der soziale Verantwortung

und logisches Denken eingeübt wird — und zwar auf sehr hohem Niveau.
Jedesmal, wenn die Kinder ihre eigenen Schwierigkeiten darstellen oder dabei helfen, die Probleme anderer zu definieren und zu lösen, ist das eine Sternstunde; der Unterricht erreicht ungeahnte Höhen, so wie Josephs hundert Pfeile und Samanthas hundert Regenbogen. Jason formuliert es vielleicht am treffendsten: Wir rennen so schnell wie der Himmel und schneller als die Wolken.

* * *

Heute ist Jason unglücklich, und wir wissen nicht, warum. Vielleicht brütet er eine Erkältung aus, aber es könnte auch sein, daß seine Nase nur deswegen verstopft ist, weil er so viel weint.
Offensichtlich will er nicht bei uns im Geschichtenzimmer sein. »Du mußt nicht hierbleiben, Jason. Warum spielst du nicht im anderen Zimmer, mit deinem Flughafen? Oder du könntest ein Bild malen.«
»Nein! Nein! Ich will nicht ins andere Zimmer!« schluchzt er und rennt aus dem Raum, kommt aber gleich wieder zurück.
»Dann bleib doch einfach hier bei uns.«
»Nein, ich will nicht hier sein.«
»Es kann dir ja auch draußen jemand Gesellschaft leisten.« Mehrere Kinder melden sich, und Samantha steht schon neben ihm.
»Ich möchte niemand. Ich suche meinen Hubschrauber«, heult er. »Er ist kaputt. Mein Hubschrauber ist kaputt.« Sein Gesicht ist tränenverschmiert. Edward flüstert Eli zu: »Gleich kotzt er, paß auf.«
Ich wische Jason das Gesicht ab und nehme ihn auf den Schoß.

»Wir sind alle ganz nett zu dir, Jason. Sag uns, was wir tun sollen.« Aber er kann immer noch nicht aufhören zu weinen, also trockne ich wieder seine Tränen.
»Willst du meinen kleinen Hund halten?« bietet Simon an.
»Er soll auf meinem Schoß sitzen«, sagt Samantha.
»Er möchte seine Mama.«
»Stimmt das, Jason? Sollen wir sie anrufen?« Er schüttelt den Kopf und weint immer noch, obwohl das Schluchzen schon etwas nachläßt.
»Er kann ja in allen Geschichten vorkommen«, schlägt Joseph vor.
»Ja, in allen Geschichten«, wiederholt Alex. »Wir nehmen den Hubschrauber in allen Geschichten dran.«
»Ich nicht«, schmollt Lilly.
»Aber bei denen, die es wollen.«
Jason hört auf zu weinen und sieht die Kinder nachdenklich an. »Okay«, seufzt er.
»Mein Vorschlag gefällt ihm!« Joseph freut sich. »Das war so in meinem Traum. Ich war in allen Geschichten.«
»Warst du auch in meiner?« erkundigt sich Lilly.
»Ja, ich war auch in deiner.«

Später, in der Ecke mit den Bauklötzen, agiert Jason seinen wiederkehrenden Tagtraum aus. »Ich bin hier eingesperrt. Ich kann nicht raus. Ich bin ganz böse.« Seine Phantasievorstellung ist zu einem Spiel geworden. Er will, daß ich frage: »Wer hat dich eingesperrt?«
»Das warst du«, antwortet er dann immer.
»Und wie kommt der Böse wieder raus?«
»Ich habe Sachen, die ich drehen kann. Ich habe zwei Sachen, die ich drehen kann. Ich sperre mich jetzt ein, so daß ich nie wieder rauskomme.«

Lilly macht ein besorgtes Gesicht. »Auch nicht, wenn deine Mutter kommt?«
»Guck mal, Lilly«, sagt Jason. »Sieh dir den Bösen an, im Haus vom Bösen, weil ich zwei Sachen habe, die ich drehen kann.«
»Kann ich mal sehen?«
»Du kannst reinkommen. Du mußt den Klotz da beiseite schieben, das ist eine Falltür. Und dann mußt du ihn zurückschieben.«
Lilly folgt Jasons Anweisungen und geht in das Haus des Bösen. Die beiden Kinder sitzen schweigend da, dicht nebeneinander. »Guck mal, wie ich das drehe, Lilly.«
»Kann ich auch mal drehen?«
»Okay, aber gib es mir gleich wieder.«
In meinem Kopf dreht sich alles, wie die Propellerflügel eines Hubschraubers. An seinem unglücklichsten Tag ist Jason zum erstenmal fähig, ein anderes Kind aufzufordern, mit ihm zu spielen. Er war den ganzen Morgen böse auf uns, und jetzt läßt er sich auf Lilly ein.
Das, was sich im Geschichtenzimmer abgespielt hat, war wirklich hochdramatisch. Jason kann nicht bleiben, er kann aber auch nicht gehen. Er stellt sich gegen den Lehrer, gegen die Kinder und sogar gegen das Geschichtenerzählen. Alles kommt zum Stillstand, solange Jason weint. Dadurch, daß den Tränen eines einzigen Kindes so viel Aufmerksamkeit geschenkt wird, erreicht das Sozialverhalten der ganzen Gruppe ein höheres Niveau. Die Kinder suchen nach einem Ausweg aus dem Dilemma. Dann bietet Joseph einen Traum an. Wo vorher keine Rolle war, gibt es nun auf einmal sechs.
In Lillys Geschichte war kein Raum für den Hubschrauber, aber Lilly folgt Jason in die Ecke mit den Bauklötzen und wird seine Freundin — und das an einem Tag, an dem er völlig kon-

taktunfähig war. Wenn Jason vorher grundlos geweint hat, wie kann das jetzt so positive Folgen haben?
Angesichts solch rätselhafter Vorgänge und überraschender Lösungen bleibt einem nur noch staunende Bewunderung. Offensichtlich können wir niemals ganz verstehen, was Kinder motiviert.
»Möchtest du der Papa sein, Jason?«
»Das ist das Haus vom Bösen, Lilly.«
»Das geht nicht. Im Haus vom Bösen gibt es keine Mutter, die da wohnt.«
»Warum?«
»Weil Mütter keine Bösen mögen.«
»Können Mütter in einer Hubschraubergarage wohnen?«
»Wenn sie ein Kissen haben.« Lilly macht sich daran, ihr zweitliebstes Spiel zu inszenieren: Sie richtet ein Haus aus Klötzen ein. Ihr Lieblingsspiel ist immer noch die Suche nach dem verlorengegangenen Kind. Ich wüßte gern, ob Jason sich je an dieser Suche beteiligen wird.
Die Gerätschaften für Küche und Schlafzimmer stapeln sich in Jasons engem Bauwerk, aber Jason selbst macht nicht mehr richtig mit. Er scheint nun Joseph am Geschichtentisch zuzuhören.
»Meine Geschichte ist mit lauter schlimmen Sachen. Superman kommt...« Joseph wendet sich Arlene zu, die Regenbogen malt. »Weißt du was? Skeletor und Hordak sind keine Freunde mehr. Weil das nämlich ein guter Skeletor war.«
»Ich dachte, Skeletor ist immer böse«, werfe ich ein.
»Ja, aber es gibt auch einen guten«, versichert mir Joseph.
»Wer bin ich?« ruft Jason dazwischen.
»Bist du der Hubschrauber oder was?« will Joseph wissen.
»Bin ich der Gute oder der Böse?«
»Weiß ich nicht.« Joseph macht ein verdutztes Gesicht.

Jason muß das Dilemma selbst lösen — wenn er soweit ist. Die Antwort liegt irgendwo in seiner Phantasie, aber auch in jeder Erfahrung mit Freundschaft und Fairneß, die er macht.
Bei dieser Gruppe schließt Fairneß allem Anschein nach die feste Überzeugung mit ein, daß jeder das Recht hat, sich ungewöhnlich zu verhalten. Es ist fair, wenn Alex weint, weil er nicht neben Joseph sitzen kann; und es ist auch fair, wenn Jason weint, weil er sich nicht entscheiden kann, ob er im Geschichtenzimmer bleiben soll oder nicht. Und es ist besonders fair, wenn ich alle ihre Sorgen und Kümmernisse ernst nehme.
Fairneß, so scheint es, ist vor allem dann ein Thema, wenn jemand weint. Wir Lehrer mögen es nicht besonders, wenn ein Kind Tränen vergießt, ohne sich irgendwie körperlich weh getan zu haben, aber für die Kinder bedeutet Weinen, daß irgend etwas unfair ist und korrigiert werden muß. Ihnen geht es nie darum, daß ein Erwachsener den Tränen »nachgibt«; im Gegenteil, der Erwachsene, der Tränen respektiert, bekommt gute Noten in Fairneß.

»Du wärst ganz klein, Jason«, erklärt Samantha in der Puppenecke. »Du wärst noch gar nicht geboren. Du mußt vierzehn sein. Dann bist du erwachsen. Aber zuerst wärst du ein Baby.«
Jason sitzt am Tisch und rollt Knetmasse hin und her. Aufmerksam hört er den Plänen zu, die Samantha für ihn schmiedet. »Hier ist ein Seil«, sagt Edward und reicht ihm ein Stück Schnur. »Weil du klein bist. Du brauchst ein Seil, um überall raufzuklettern. Komm rein, Hans.«
Es macht mir großen Spaß, die Verbindungen zu verfolgen, die während des Spiels gezogen werden. Die Vorstellung, daß jemand klein ist, führt zu dem Bild, daß er ein Seil hochklettern muß, und das bringt dann wieder Hans aus dem Märchen

Hans und die Bohnenranke aufs Tapet, der zwar klein ist, aber trotzdem so stark wie die Zahl vierzehn.

Jason denkt immer noch über das Kleinsein nach. »Wenn ich kein großer Junge mehr bin, dann werde ich immer kleiner.«

»Bis du wieder ein Baby bist«, führt Samantha den Gedanken weiter. »Dann wärst du mein Baby. Komm, Baby, wir ziehen dir 'ne Windel an. Hier ist deine Flasche, Baby.«

»Ich bin schon Hans«, sagt Jason und springt von seinem Stuhl auf. »Ich klettere.«

»Du mußt das Baby sein, Jason. Wir spielen noch nicht Hans.«

Was wird Jason jetzt tun? Samantha drängt ihn immer wieder in die Babyrolle und zwingt ihn, sich neue Möglichkeiten auszudenken, um dieser Rolle zu entkommen. Normalerweise würde sich jetzt der Propeller des Hubschraubers zu drehen beginnen, aber statt dessen entzieht sich Jason dem unerwünschten Part mit einem anderen Ablenkungsmanöver.

»Gleich gieße ich mir Wasser über den Kopf!« kichert er. »Dann lege ich mir ein Spielzeug auf den Kopf, und dann gieße ich Wasser auf das Spielzeug, und dann läuft mir das Wasser über das Gesicht.« Jason lacht laut, und die Kinder lachen mit ihm.

»Wasser auf deinem Kopf, Pipi.«

»Pipi auf deinem Kopf.«

»Pinkel auf deinem Kopf.«

»Kacke auf meinem Kopf«, sagt Jason, und genauso schnell, wie sie begonnen hat, ist diese komische Einlage auch schon wieder vorbei. Ich blicke kurz auf, um nachzusehen, ob der Exkrementendialog von einem großen Durcheinander begleitet wurde, aber alle rollen friedlich ihre Knetmasse aus oder klopfen darauf herum.

»Heute hat das Baby Geburtstag«, ruft Samantha mir zu. »Es ist gerade auf die Welt gekommen.«

»Wer ist das Baby?«
»Jason. Er ist ein Babymädchen.«
»Stimmt das, Jason?«
»Ja.« Jason lächelt verschmitzt und klettert in das Babybett. »Deck mich zu, Samantha. Damit ich nicht friere.«
Wann wurde beschlossen, daß Jason ein Babymädchen sein soll? Als ich mir die Szene später auf dem Tonband anhöre, stelle ich fest, daß Jasons neue Identität nicht erwähnt wird, bis ich frage: »Wer ist das Baby?« Aber die Idee stand im Raum, und offensichtlich war die Zeit reif für sie.
»Du kommst in meiner Geschichte vor, Jason«, sagt Edward. Jason ist gerade dabei, Hubschrauber zu malen, und blickt nicht einmal auf.
»Ich nehme dich jetzt in meine Geschichte, jetzt gleich. Hörst du zu?«
»Ja, ich höre zu.«
Ist das wirklich Jason? Der Satz »Ich höre zu« gehört für einen Lehrer zu den schönsten, die in einem Klassenzimmer geäußert werden können, neben »Ich bin dein Freund«.
»Es war einmal ein Junge, und der hatte einen Vogel, und der Vogel war hungrig. Da hat der Junge etwas zu essen gefunden und hat es dem Vogel gegeben. Ende.«
Edward schaut Jason an. »Ach ja, und dann war da noch ein Hubschrauber. Der ist drübergeflogen.« Jason grinst und sagt: »Willst du meine Geschichte hören? Der Hubschrauber fliegt nachts. Edward sitzt im Flugzeug.«
Jason hat die Wechselbeziehungen zwischen den Geschichtenerzählern erkannt: Ich nehme dich in meine Geschichte, und du nimmst mich in deine Geschichte. Wie kommt es, daß er das nun begriffen hat? Sicherlich ist die zunehmende Erfahrung ein Hauptfaktor bei diesem entscheidenden Lernschritt. Du hörst dir meine Idee an, und ich mir deine.

Jeden Tag beobachtet Jason, wie andere Kinder sich gegenseitig Rollen zuteilen, in Geschichten, beim Spiel und in Gesprächen. Jetzt kann er anfangen, auf ähnliche Art zu reagieren.
»Wenn der Hubschrauber hier fliegt, Jason, kann er auf meiner Rollbahn landen«, verspricht Simon.
»Wir spielen, er würde da fliegen«, antwortet Jason, und Simon ist damit zufrieden. Jason ist einen Schritt weiter gegangen als sonst. Simon akzeptiert das »Wir spielen, er würde« als die Tat selbst.
Jasons Wunsch, Verbindungen herzustellen, ist bestimmt mindestens so groß wie mein eigener. Er hat seine Erforschung des Klassenzimmers begonnen, hat sich in unbekanntes Terrain vorgewagt, und jeder Durchbruch eröffnet ihm neue Möglichkeiten. Aber ich kann seiner Entwicklung noch so aufmerksam folgen — ich weiß nie, was als nächstes kommt.
»Ich helfe Ira«, verkündet er. »Ich helfe Ira, weil er nicht will, daß ihm jemand anderes hilft.«
Ira ist alleine im Sandkasten und versucht mühsam, einen Tunnel vor dem Einsturz zu retten. »Bleib weg von meinem Tunnel, Jason.«
»Er wird... er will, daß ich ihm helfe. Ich mache den Sand flach.«
»Faß den Tunnel nicht an, Jason.«
»Guck mal, Ira. Ich grabe ein großes Loch.«
»Ja, genau das brauche ich! Du mußt es mit Wasser auffüllen. Beeil dich. Ich brauche einen See.«
Jason kommt zu mir gerannt, zitternd vor Erregung. »Wo ist das Wasser? Ich muß Wasser holen. Mach schnell!«
»Ich suche einen Eimer für dich, Jason. Komm, ich zeig' dir, wie voll du ihn machen kannst.«
»Weil ich etwas Wichtiges tun muß? Zeigst du es mir, weil ich Ira helfe?«

»Genau. Wenn du noch mehr brauchst, kannst du es alleine holen.«
»Wenn *Ira* noch mehr braucht. Ich helfe Ira«, betont Jason. »Ist er mein Freund?«
»Ich glaube, das ist er.«

»Was ist los, Baby?« fragt Jason, während er seine Hubschrauber malt. »Was ist los, Baby?« sagt er immer wieder vor sich hin, während er seinen Stapel Zeichnungen in die Hubschraubergarage trägt. Den Satz hat er aus Arlenes Geschichte geborgt und hält sich beim Spielen daran fest.
Hier ist Arlenes Geschichte:

Da war ein großes, großes Monster. Dann sagt das Baby: »Oh, nein!« Und der Papa sagt: »Was ist los, Baby?« Und die Schwester sagt: »Was ist los, Baby?« Und die Mutter sagt: »Was ist los, Baby?« Und sie waren zu Hause.

»Was passiert mit dem Monster?« fragt Katie.
»Den Teil hab' ich schon erzählt.«
»In der Geschichte geht es also vor allem darum, was alle zu dem Baby sagen, und das Monster kommt dann gar nicht mehr vor?« folgere ich.
»Genau. Das ist *kein* Traum«, erläutert Arlene.
Im Geschichtenzimmer bleibt das Monster außerhalb der Bühne, während das Baby schläft, und es geht auf seinen Platz zurück, als das Baby aufwacht. Das Monster ist der Traum selbst. Dadurch, daß Arlene besonderes Gewicht auf das tröstliche Nachspiel legt, das auf den bösen Traum folgt, ist die Stimmung ganz andächtig, als wir ihre Geschichte spielen. Alle blicken sehnsüchtig auf Arlene — das Baby, das beim Erwachen so besorgt und liebevoll getröstet wird. Es ist ein Au-

genblick, der festgehalten und ausgekostet werden muß. Arlene hat definiert, was Liebe ist.
»Ich würde es gern noch mal spielen, Arlene. Geht das? Und wenn das Baby aufwacht, dann fragen wir alle: ›Was ist los, Baby?‹ Ich glaube, das wollen alle gern sagen.«
Wir wiederholen diese kurze Sequenz zweimal, und beim zweitenmal stimmt Jason in den Chor mit ein. Er dreht den Propeller und sagt: »Was ist los, Baby?«, als würde er mit seinem Hubschrauber reden.
Samantha, die neben ihm sitzt, meint belustigt: »Was ist los, Jason?«
»Nicht Jason. Du mußt Baby sagen«, korrigiert er sie sehr ernsthaft. »Jason ist nicht das Baby.«
»Doch, du bist das Baby. Im meinem Kopf bist du das Baby.«

Durch solche Erlebnisse verwandelt sich eine Gruppe in eine Familie, die so funktioniert, wie eine Familie eigentlich funktionieren sollte, in der man einfühlsam mit den Gefühlen und Problemen jedes einzelnen Mitglieds umgeht. Wenn die Lehrerin die Elternrolle übernimmt und die dringlichen Themen, die uns miteinander verbinden, anspricht, dann kann sie von sich sagen, daß sie ihre Rolle sehr gut erfüllt.
Wir halten die Klassenzimmerfamilie zusammen, wenn wir uns für jeden Traum und für jede Geschichte interessieren, wenn wir mit allen, die klagen, mitfühlen, mit allen, die weinen, bei jeder Angst, bei jedem Kummer.
Wir zeigen, daß die Kümmernisse der Kinder genauso wichtig sind wie alles andere, was in der Schule vor sich geht: Arlenes verängstigtes Baby, Jasons kaputter Propellerflügel, Alex' Qualen wegen der Sitzplätze, die Unantastbarkeit von Simons Eichhörnchenbau und Samanthas Bedürfnis, Jason zu bemuttern. Dadurch, daß wir uns besser kennenlernen, entwickeln

wir die logischen und emotionalen Voraussetzungen, die für alle zukünftigen Lernprozesse notwendig sind.

Wenn wir in dieser Klasse eine Familie sind, dann ist Jason am häufigsten der Seismograph für die Gefühle und das Maß an Geborgenheit in dieser Familie.

»In meiner Geschichte kommt ein Hubschrauber vor, aber nicht Jason«, sagt Edward.

»Weißt du was? Jason hat mir erlaubt, daß ich seinen Hubschrauber in die Hand nehme«, erzählt Joseph mir atemlos. »Ich hab' ihm gesagt, er darf zu meinem Geburtstag kommen.«

»Jason braucht einen Umhang«, meint Samantha besorgt, als sie merkt, daß Jason von den Kindern, die mit den großen Bauklötzen spielen, als einziger keinen Umhang trägt.

»Piloten brauchen keinen Umhang, Samantha«, erklärt Joseph.

»Ich mach' ihm einen, sonst ist er vielleicht einsam«, erwidert sie.

Konzentrieren sich die Kinder so stark auf Jason, weil sie merken, daß ich ihm sehr viel Aufmerksamkeit schenke? Oder beobachten wir ihn — und versuchen ihn zu ändern —, weil er uns an unsere eigenen unbefriedigten Bedürfnisse erinnert? Er setzt seine ungelösten Konflikte immer sehr deutlich in Szene, und das gibt uns die Möglichkeit, uns intensiver mit den Problemen, die er aufzeigt, auseinanderzusetzen.

»Laß das bitte sein, Joseph!« protestiere ich. »Laß die Klötze nicht so auf den Boden fallen. Sonst splittern sie noch.«

»Das war ich nicht!« wehrt sich Joseph und starrt auf den Haufen zu seinen Füßen.

»Laß-die-Klötze-nicht-so-auf-den-Boden-fallen!« wiederholt Jason und wischt mit einer schnellen Bewegung ein ganzes Regalbrett voller Klötze auf den Fußboden. Ich weiß, was er er-

reichen will. Er will dasselbe wie alle anderen Kinder in der Bauklotzecke: Ich soll das, was ich zu Joseph gesagt habe, im gleichen Tonfall wiederholen.
»Laß das bitte sein, Jason! Laß die Klötze nicht so auf den Boden fallen! Sonst splittern sie noch.«
Zufrieden nimmt Jason sein Hubschrauberspiel wieder auf. Joseph fühlt sich in gewisser Weise bestätigt, und alle, die die Szene beobachtet haben, sind zufrieden. Im Moment hat sonst niemand das Bedürfnis zu testen, ob ich meine Regel vielleicht doch nicht ganz konsequent anwende. Und die Kinder müssen sich auch keine Gedanken darüber machen, ob jemand bestraft wird, wenn er gegen die Regel verstößt. Alles, was geschieht, enthält die Antwort auf die ungefragte Frage eines Kindes.

Heute tobt draußen vor dem Fenster ein wilder Schneesturm mit Blitz und Donner. Die Kinder versuchen, beim Spielen die ungestümen Elemente unter Kontrolle zu bekommen, und Jason, der still in seiner Hubschraubergarage sitzt und nicht einmal die Propeller dreht, verfolgt das aufgeregte Treiben um ihn herum.
»Das ist mein Schlitten. Hilfe! Er bricht auseinander.«
»Mein Schlitten ist blind. Er kann den Schnee nicht sehen.«
»Hier, nimm das, dann ist er nicht mehr blind.«
»Stell die Scheibenwischer an. Sie sind explodiert! Wir können nichts sehen! Der Blitz hat uns getroffen!«
»Der Blitz macht uns kaputt. Aber Superman kann nicht vom Blitz getötet werden.«
»Spiderman! Hierher! Wirf ein Netz über den bösen Schnee.«
Petey wischt das Netz weg. »Micky Maus braucht kein Netz. Wuschsch! Ich hab' den Schnee weggemacht.«

Jasons Flughafen liegt gleich beim Fenster, das Unwetter scheint sich direkt über seinem Gebäude auszutoben. »Spiderman, hierher«, ruft Jason. »Der Hubschrauber braucht kein Netz. Wuschsch. Der Propeller hat den Schnee weggemacht.«
Endlich hat Jasons Hubschrauber eine heroische Tat vollbracht. Es ist zwar schön und gut, ein Symbol eine Zeitlang dafür einzusetzen, sich die Leute vom Hals zu halten oder mit ihm eine beruhigende Abfolge von Kaputtgehen und Reparieren zu wiederholen. Aber wenn man sein Symbol nicht irgendwann einmal als wirksames Machtmittel einsetzen kann, wird es unbrauchbar. Jason hört seit vielen Monaten den Spielen mit Superhelden zu, ohne eine Verbindung zu seinen eigenen Problemen herzustellen. Plötzlich, in einem Augenblick echter Angst, erkennt er den Zusammenhang.
Daß das Gespenst der Angst ein Kind überwältigt, ist etwas, worauf man immer gefaßt sein muß. Die Problematik ist sehr vielschichtig: Kinder haben, so heißt es, Angst vor dem Unbekannten, aber die Dinge liegen sehr viel komplizierter. Vor manchen unbekannten Situationen fürchten sich Kinder, vor anderen nicht; Ereignisse wie dieses Unwetter werden beim Spielen und in Gesprächen mühelos verarbeitet, während andere Vorfälle, die dem Lehrer vielleicht völlig nebensächlich vorkommen, in ausweglose Sackgassen führen und einem Kind oft nur noch die Möglichkeit der Verweigerung offenlassen.
Hier ein Beispiel: Katie verteilt Snoopy-Aufkleber, ein Werbegeschenk aus dem Geschäft ihres Vaters. Jedes Klebebild ist mit einem Stück Papier verdeckt, das man abziehen muß, um das Bild sehen zu können. Während Katie die Aufkleber verteilt, machen wir ein Spiel daraus. »Wie viele verschiedene Bilder gibt es?« frage ich Katie.
»Weiß ich nicht.«

»Wie können wir das herausfinden?«
»Jeder muß das Papier abziehen und nachsehen«, meint sie.
»Gute Idee. Ich schreibe es an die Tafel. Immer, wenn jemand ein neues Bild entdeckt, male ich es schnell an die Tafel, und dann mache ich einen Strich darunter, wenn ein anderes Kind das gleiche hat.«
Ich male also Snoopy mit Charlie Brown, Snoopy mit Lucy, Snoopy mit Woodstock und so weiter. Es gibt bereits eine Auswahl von sechs verschiedenen Bildern. Dann ist Jason an der Reihe.
»Meins ist ein Hubschrauber«, sagt er, ohne das Schutzpapier zu entfernen.
»Tja, also bis jetzt war auf allen Bildern Snoopy drauf. Könntest du dir deins mal richtig anschauen?«
»Meins ist ein Hubschrauber.«
»Soll jemand anderes für dich nachschauen?«
»Nein.«
»Okay. Jason denkt, seines ist ein Hubschrauber. Ich male also ein Bild von einem Hubschrauber. Und daneben schreibe ich ein Fragezeichen, so. Das heißt, daß Jason das nur denkt.«
Niemand findet Jasons Verhalten seltsam; die von den Kindern erfundenen Spiele schließen immer unerwartete Ausnahmen mit ein. Samantha ist auf diesem Gebiet eine wahre Expertin.
»Du kriegst zwei Karten für die Landung«, hatte sie Jason vorher mitgeteilt und ihm zwei hastig zugeschnittene Papierstücke zugeschoben. »Aber ich kriege vier, weil mein Kreis blau ist.« Jason hatte ihre »Karten« bereitwillig entgegengenommen; vor einer Karte, die ein Kind gebastelt hat, fürchtet er sich nicht.
Von Erwachsenen hergestellte Gegenstände können jedoch unangenehme Überraschungen enthalten. Jason möchte nicht mit einem Bild konfrontiert sein, das ihm vielleicht gar nicht

gefällt — ein Gefühl, das viele Kinder sehr gut kennen. Wieder nehme ich Samantha als Beispiel: Sie wirkt ausgesprochen selbstbewußt, aber wenn die Handlung in einem Buch eine unerwartete Wendung nimmt, dann wird sie mißtrauisch und ängstlich.
Wenn wir ein unbekanntes Buch zu lesen beginnen, steht sie oft auf und geht zur Tür. »Gibt es eine Stelle, die mir nicht gefällt?«
»Ich habe nichts Schreckliches gefunden.«
»Hast du alle Seiten angesehen?«
»Also, auf einer Seite ist ein kleiner Hund, der sich verlaufen hat, aber seine Mutter findet ihn ziemlich schnell.«
»Die Seite darfst du nicht vorlesen.«
»Ich sag' dir Bescheid, wenn ich an die Stelle komme, und du kannst dann im anderen Zimmer warten, bis die nächste Seite dran ist.«
Samantha geht aus dem Zimmer, aber sie kommt immer gleich wieder zurück. Und jedesmal bittet sie mich, die Seite, die sie verpaßt hat, noch einmal vorzulesen. Auch Jason hat das Papier von seinem Snoopy-Bild abgezogen, sobald wir etwas anderes gemacht haben. Beide Kinder versuchen, mit der Angst vor der Angst umzugehen und nicht so sehr mit der Angst selbst.
Im Alter von drei bis vier Jahren kommen die Kinder bereits mit einer ganzen Liste unangenehmer Erinnerungen in die Schule. »Versuch's einfach — es macht dir bestimmt Spaß« ist ein Ratschlag, der in der Regel von einem Kind nicht sofort angenommen wird. Natürlich gibt es immer welche, die keine Angst vor Neuem und noch nicht Erprobtem zu haben scheinen, aber die Zahl derer, die erst einmal zögern, ist sehr viel größer.
Zögern heißt nicht, daß man sich verlaufen hat und nicht wei-

terkommt; es heißt nur, daß man vielleicht etwas länger braucht, um zum gleichen Platz zu kommen.

Wieder ein Meilenstein. Jason macht etwas nach, was ein anderes Kind baut, ohne noch zu wissen, was es werden soll.
»Ich brauche Kisten, ich brauche Kisten«, singt Jason vor sich hin. »Meins soll so sein wie das von Eli.«
»Hier sind noch zwei, Jason«, sage ich.
»Du stellst sie falsch rum hin«, weist er mich zurecht. »Sie sollen so sein wie bei Eli.«
»Was baust du, Eli?« erkundige ich mich.
»Einen Dinosaurier, wie Joseph neulich.«
»Wie kommt man da raus?« möchte Lilly wissen.
»Das ist der Ausgang. Man muß da runter.«
»He, schaut euch mal *meinen* Ausgang an«, ruft Jason. »Da müßt ihr durch.«
Eli läßt seine Kisten im Stich und folgt Jasons Anweisungen. Sofort fängt Jason an zu wimmern. »Nein, nein! Das ist meins!«
»Aber Jason, du hast doch gerade gesagt: ›Da müßt ihr durch‹«, erinnere ich ihn.
»Nein! Das heißt das nicht. Das heißt etwas anderes. Und jetzt haben sie mein Haus kaputtgemacht. Ich muß es wieder ganz machen.«
Das ist eine relativ durchgängige Reaktion bei Jason. Wenn ihn irgend etwas durcheinanderbringt oder beunruhigt, erzählt er uns, etwas sei kaputt. Wenn die Situation ihm falsch, unsicher, bedrohlich oder einfach unbekannt vorkommt, bezeichnet er aus einer kleinen Auswahl von Dingen irgend etwas als kaputt und macht sich daran, es zu reparieren. Das ist seine Art, das Gleichgewicht wiederzufinden.
In gewisser Weise versuche ich es genauso zu machen. Beide ge-

hen wir den Dingen nicht eigentlich auf den Grund; wir tun so, als wäre das Klassenzimmer eine Welt für sich, in der es eine besondere Art von Sinngebung für unser Verhalten gibt. Gemeinsam mit den Kindern entwickeln wir unsere eigenen Regeln für Fairneß, unser eigenes Sicherheitssystem. Wir sagen: Jeder Konflikt und jedes Mißverständnis soll jeweils aus der logischen Vernunft des Augenblicks heraus gelöst werden; am nächsten Tag versuchen wir es dann erneut und vielleicht anders.

Dieser Ansatz leuchtet Jason ein. Er probiert neue Lösungen für alte Probleme aus, indem er beobachtet, wie die anderen Kinder ihre Angelegenheiten regeln. Indem er das Wort »Ausgang« benützt, probiert er aus, ob ihm das hilft, sich wohler damit zu fühlen, andere in seine Welt einzuladen, aber er merkt, daß das nicht zu den Gefühlen führt, die er sich davon versprochen hat. Trotzdem sind das für ihn enorme Schritte, denn er hört zu, wie die Kinder spielen.

Jasons größtes Problem ist nicht, so sehe ich das inzwischen, die Hubschrauberphantasie, sondern vielmehr die Tatsache, daß er die anderen Kinder nur selten beobachtet. Langsam beginnt er nun zu verstehen, daß sie diejenigen sind, die ihm zeigen können, wie er seine unterschiedlichen Stimmungen und die Zweifel, die ihn quälen, am besten spielerisch bearbeiten kann.

»Quiek, quiek, quiek, wir sind Eichhörnchen. Du mußt uns streicheln, sonst können wir nicht aufhören zu quieken.« Lilly und Eli krabbeln um meine Füße herum und warten darauf, daß ich sie hinter den Ohren kraule. Das ist ein altes Spiel, aber es ist das erstemal, daß Jason wirklich mitbekommt, was sie tun.

»Okay, ihr kleinen Eichhörnchen«, sage ich. »Brave, kleine

Eichhörnchen.« Sobald ich die Kinder streichle, hören sie auf zu quieken, aber gleich darauf kommen sie wieder und wiederholen das gleiche Spielchen. Ich habe schon vor langer Zeit gelernt, daß es am besten ist, wenn ich solche Spiele mitmache, gleichgültig, wie oft sie sich wiederholen. Sie sind für kleine Kinder ungeheuer wichtig — und auch noch für ältere Schüler. Mitten in ihren eigenen konzentrierten Aktivitäten brauchen sie plötzlich die tröstliche Zuwendung des Lehrers, und sie erfinden Methoden, um diese Aufmerksamkeit zu bekommen, ohne zu sehr aus ihrer Rolle herauszutreten.
Jason ahmt sie nach. »Quiek, quiek.« Nach kurzem Zögern kommt er zu meinem Stuhl gekrabbelt und flüstert: »Quiek, quiek, quiek, quiek.« Dann wird er lauter, bis er fast schreit: »Quiek! Quiek! Quiek!«
»Hör auf, Jason«, beschwert sich Katie. »Das tut mir ja in den Ohren weh. Merkst du denn nicht, daß ich gerade etwas anmalen will?«
»Ich höre auf, wenn du mich streichelst«, sagt er zu ihr.
»Okay, ich streichle dich.«
Jetzt kommt Jason wieder zu mir. »Quiek! Quiek! Quiek!«
»Ich streichle dich auch, Jason«, sage ich und reibe seinen Nacken. »Bist du ein Eichhörnchen?«
»Ich bin ein Hubschrauber.«
»Ach so. Ich wußte gar nicht, daß Hubschrauber gern gestreichelt werden.«
»Manchmal schon.«

Jason borgt sich jetzt jeden Tag neue Ideen aus. Am nächsten Morgen steckt er sich ein Pappschwert ins Hemd und murmelt dabei etwas, das wie »Kawii!« klingt. Er ahmt Edward nach, der seit neuestem die Gewohnheit hat, ein Schwert auf diese Weise mit sich herumzutragen, ohne zu erklären, warum.

Jason sagt nichts über das Schwert, als er sich neben mich setzt. »Ich mache heute bei der Musik alles mit«, verkündet er statt dessen. »Ich bin einfach ein Flugzeug, das alles macht.«
»Wenn wir also ›Häschen in der Grube‹ spielen, bist du ein Flugzeug?«
»Aber nicht bei den Geschichten. Nur beim Singen.«
»Du fliegst nicht in die Geschichten der anderen?«
»Ich frage, ob ein Flugzeug vorkommt oder ob ein Schwert vorkommt«, versichert er mir sehr ernsthaft.
»Weil du jetzt einen Hubschrauber und ein Schwert hast.«
»Zwei Sachen. Ich habe zwei Sachen. Das und das.«

Jason beweist mir in regelmäßigen Abständen immer wieder, daß sich die Kinder am besten mit Hilfe der Kultur, die sie selbst schaffen, in die Klasse einfügen können. Während ich mich immer weiter in die Welt ihres Spiels und ihrer Geschichten vorwage, begegnen wir uns immer häufiger an irgendwelchen Wegkreuzungen. Ich darf das, was ich an Jason und seinen Spielkameraden entdecke, nicht allzusehr verallgemeinern, denn solche Berührungspunkte ergeben sich meist aus einem winzigen Detail eines einmaligen Ereignisses.
»Sieh dir mal mein Haus an«, sagt Jason zu mir. »Es hat lauter Fenster. Eins, zwei, drei, vier.«
»Ich hab' ihm geholfen, die Fenster zu bauen«, sagt Ira.
»Hilf mir noch mal, Ira, weil es wieder kaputt ist.«
»Das geht nicht, Jason, ich spiele gerade mit Samantha. Willst du wieder die Königin sein, Samantha?«
»Okay. Ich würde woanders herumreisen, Ira. Und du hättest mich noch nicht gesehen.«
»Du würdest herumsausen«, schlägt Ira vor.
»Gut, ich würde herumsausen, und dann würde ich dich sehen,

und du wärst der König von der Königin.« Samantha beginnt, sich eine Krone zu basteln.
»Aber du wüßtest es noch nicht, weil du herumsaust.«
Jason hat Ira und Samantha während des ganzen Gesprächs aufmerksam beobachtet. »Ira, guck mal«, sagt er. »Ich sause herum. Ich mache einen Brunnen, und ich sause herum. Der Brunnen ist da, um damit herumzusausen. He, ich will jetzt meine Geschichte erzählen«, ruft Jason mir zu. Und noch auf dem Weg zum Geschichtentisch sprudelt es aus ihm heraus.

Ein Hubschrauber fliegt immer höher, immer höher, und er saust herum und herum. Und dann schleicht er sich vom Himmel nach unten, und dann ist er gelandet.

»Das sind gleich zwei Ideen, die du von Ira ausgeborgt hast«, sage ich, aber Jason schüttelt den Kopf. »*Samantha* saust herum. Sie ist die Königin. Und sie saust woanders herum.«
»Wann findet sie den König?« erkundige ich mich.
»Zuerst saust sie herum. Dann sieht sie den König.«
Wir unterhalten uns, als wären wir gerade zusammen im Theater gewesen. Wir haben einen Vorrat von gemeinsamen Bezugspunkten und Anspielungen, auf die wir zurückgreifen können, und das nur, weil Jason den anderen Kindern zuhört — genau wie ich.
Weshalb die anderen Kinder ihm ein so hilfreiches Lernumfeld bieten können, liegt vor allem daran, daß sie zwar eine größere Zahl von Personen, Orten und Dingen in ihr Spiel aufnehmen, daß aber die Themen ihrer Spiele ähnlich sind wie die seinen.
Jason tut immer so, als wäre etwas nicht in Ordnung, und behebt dann rasch das Problem. Viele Szenen, die die anderen Kinder spielen, folgen dem gleichen Muster. Jason definiert

das Gefühl der Verletzbarkeit so exakt, daß seine Beschreibung den Hintergrund für die improvisierten Darstellungen der anderen liefert. Die hohe Stimme, mit der er aufzählt, wie er kaputte Hubschrauber und Häuser repariert, spricht für alle, die in Schwierigkeiten sind.
»Der Kamin hier ist gekracht«, erzählt mir Jason. »Da ist etwas drin, und deshalb kracht er. Ich muß das in Ordnung bringen, damit er nicht mehr kracht.«
Ganz in der Nähe kommt Edwards Achterbahn gefährlich ins Schleudern. »Hilfe, Hilfe, ich kann nicht anhalten! Ira, Ira, rette mich. Ich stürze gleich ab. Sandsäcke, Sandsäcke... ah ah!«
Drüben beim Fenster nähert sich ein böser Jäger der Mutter und ihrem Kind. »Da ist dein Bett, Dana. Leg dich hin.«
»Geh nicht dahin, Mama! Ein böser Jäger!«
Dazu Jasons Begleitmusik: »... mein Kamin ist gekracht. Zuerst nehme ich alle Teile auseinander...«
Und in der anderen Ecke versinken gerade ein paar gefangene Kätzchen im Treibsand. »Rette mich, rette mich. Das ist das Gefängnis des Löwenbändigers. Treibsand! Nimm den Zaubergürtel!«
»... vielleicht kracht der Kamin nicht mehr, weil ich das ganz vorsichtig mache und ganz langsam, ich mache diesmal keine Fehler mehr.«
Jason baut sein Haus fertig. »So, jetzt ist das Haus zugeschlossen. Weil da drüben ein böser Jäger ist.« Jason kann sich nicht mehr auf ein einziges Thema beschränken. Das Spiel der anderen lockt ihn von allen Seiten und bringt ihn dazu, neue Ausdrucksformen auszuprobieren und seine jeweilige Verfassung auf neue und verschiedene Arten auszuagieren. Er muß seinen Hubschrauber nicht aufgeben, denn die Kinder verstehen seinen Wert und unterstützen seinen Gebrauch.

* * *

Jason führt am Frühstückstisch eine völlig normale Unterhaltung. Wann hat er angefangen, mit den Kindern so natürlich zu reden?
»Ich fahre nach Florida«, erzählt Eli. »Mit dem Flugzeug.«
»Ich habe meine Mama gefragt, ob wir verreisen«, sagt Lilly. »Ich frag' sie, ob wir mit dir fahren können.«
»Hast du die Propeller gesehen?« fragt Jason. »Sie sind unter den Flügeln.«
»Ich hab' sie noch nicht gesehen.«
»Ja, aber du kannst sie sehen, wenn du in einem Propellerflugzeug sitzt«, erklärt Jason. »Am Fenster. Aber nicht, wenn es ein Jumbo-Jet ist.«
»Das stimmt, Jason«, pflichtet ihm Simon begeistert bei. »Du meinst ein kleines Flugzeug. Stimmt's?«
»Ich sag' meiner Mutter, wir sollen mit so einem fliegen«, beschließt Eli.
»Dann kannst du sehen, wie sich die Propeller drehen«, meint Jason abschließend.
Wir haben Jason noch nie so normal reden hören. Aber zu Hause redet er wahrscheinlich immer so. Wir beurteilen Jason an einem Ort, an dem er sich nicht wohl genug fühlt, um richtige Gespräche zu führen. In der Schule hat er das Gefühl, daß Reparaturen nötig sind. Ich muß immer und bei jedem Kind davon ausgehen, daß die Probleme, die in der Schule auftreten, auch durch die Schulsituation hervorgerufen werden, ehe ich die Ursachen anderswo suche.
Aber was ist, wenn ich weiß, daß das Kind aus sehr unglücklichen Familienverhältnissen kommt? Ich glaube, gerade dann sind solche Überlegungen wichtig, weil das Klassenzimmer in diesen Fällen eine noch größere Verantwortung dafür trägt, eine vernünftige Welt anzubieten.
Natürlich ist es verständlich, daß man anderswo nach Grün-

den sucht. Die Kinder tun das sehr häufig. Edwards Achterbahnspiel klappt heute nicht so recht, und mit wachsender Frustration sucht er die Schuld dafür bei seinem nächsten Nachbarn.
»Blöder Jason! Du bist blöd, blöd!«
»Warum schreist du Jason an?«
»Er macht zuviel Krach. Ich weiß nicht mehr, wie das geht, das verdammte Ding.«
»Machst du Krach, Jason?«
»Nein.«
»Dann muß es einen anderen Grund geben, Edward. Kann ich dir irgendwie helfen?«
»Ich mach' das nicht mehr mit diesem verdammten Ding!« Er tritt wütend nach den Gleisen. »Weißt du, warum ich so wütend bin? Weil Joseph vorhin nicht neben mir gesessen ist.«
»Ist das schon eine Weile her?«
»Ja, damals. Ich bin ganz wütend.«
»Ich hab' einen Vorschlag. Überleg dir, was dir jetzt Spaß machen würde, und dann tust du das.«
»Ich glaube, ich male was. Nein, ich erzähle eine Geschichte.«
Er verwendet in seiner Geschichte fünfmal das Wort »böse«.

Da ist ein böser Löwe. Er hat die Uhr kaputtgemacht, weil es eine böse Uhr war. Er hat die Gleise kaputtgemacht, weil es böse Gleise waren. Dann sieht er ein Kätzchen. »Du bist ein böser Löwe.« — »Nein, ich bin nicht böse.« Und wenn sie nicht gestorben sind, dann leben sie noch heute.

Warum ist Edward so schlechter Laune? Bei ihm zu Hause passiert zur Zeit vieles, was für ihn und für andere Familienmitglieder das Leben schwierig macht. Die Familie bekommt Hilfe von außen. Trotzdem ist es möglich, fast alles, was im

Klassenzimmer geschieht, auch innerhalb dieses Kontexts zu sehen. Jedes Verhalten kann von den einzelnen, von der Gruppe und vom Lehrer auf das hin befragt werden, was wir sehen und hören, vorausgesetzt, daß unser konsequent *geäußertes* und ernst gemeintes Ziel lautet, alles, was vor sich geht, zu sehen, zu hören und darüber zu sprechen — und zu versuchen, faire Lösungen zu finden.

Jason ist schon den ganzen Vormittag aus dem Gleichgewicht. Vielleicht eine Reaktion auf Edwards ungerechtfertigten Angriff. Nichts läuft richtig, er findet nur Fehler. In der Frühstückspause liefert ihm sein leeres Saftglas den Grund für alles, was im Klassenzimmer nicht stimmt.
Er schluchzt laut. »Ich brauche meinen Saft. Ich brauche meinen Saft, du hast mir nichts eingegossen.«
»Ich bin gleich soweit, Jason. Ich streiche nur gerade noch die Erdnußbutter.«
Seine Hand zittert, als er das Glas hochhält, und er wirft aus Versehen seine Serviette und seine Cracker vom Tisch. »Meine Cracker!« jammert er. »Mein Saft ist nicht ... du machst nicht ...«
»Mach schnell«, sagt Edward zu mir. »Du bist schuld, daß er weint.«
»Die Flasche geht nicht auf. Gleich. Ich glaube, der Verschluß ist kaputt. Ich nehme eine andere.«
»Es ist alles deine Schuld«, beharrt Alex. »Du bist schuld, daß er weint.«
»Entschuldige bitte, Jason«, sage ich und gieße ihm Saft ein. »Ich habe die Flasche einfach nicht aufgekriegt. Vielleicht brauchen wir einen neuen Flaschenöffner.«
»Und du bist schuld, daß Jason geweint hat, stimmt's?« fragt mich Lilly mit Tränen des Mitgefühls in den Augen.

»Ich wollte nicht, daß er weint«, entschuldige ich mich. »Er muß sehr durstig gewesen sein.«
»Oder vielleicht ist sein Hubschrauber kaputt«, meint Samantha. Irgend etwas kommt Jason heute offensichtlich kaputt vor, und die Kinder erkennen dieses Gefühl. »Oder vielleicht wollte jemand nicht mit ihm spielen.«
»Vielleicht hat seine Mama mit ihm geschimpft«, mutmaßt Edward.
»Ich glaube, er will, daß ich mit ihm spiele, stimmt's, Jason?« fragt Ira.
»Er möchte, daß *ich* mit ihm spiele«, widerspricht ihm Samantha. »Er möchte das Baby sein. Dann kann er aufhören zu weinen, stimmt's, Jason?«
Jason trinkt seinen Saft aus und verläßt den Tisch. Er hat auf keines der Freundschaftsangebote reagiert, aber er scheint jetzt besserer Laune zu sein, jedenfalls beginnt er eine neue Serie von Hubschrauberbildern zu zeichnen. Erstaunlicherweise ist er bereits mit dem zweiten zufrieden.
»Guck mal, das da hat keinen Fehler«, ruft er mir zu.
»Du hast es schon beim zweitenmal geschafft, Jason. Eins-zwei.«
»Weil meine Finger länger werden.«
»Und stärker«, fügt Petey hinzu.
»Aber nicht ärger«, meine ich lachend, und zum erstenmal heute erscheint ein Lächeln auf Jasons Gesicht.

Samanthas Versuche, Jason für sich zu gewinnen, werden immer einfallsreicher. »Ich nehme dich in meine Geschichte, Jason. Komm her und hör zu.«
»Ich habe keine Lust.«
»Doch, du mußt aber. Oder ich ... ich gebe dir nichts von meinem Kaugummi, wenn mein Papa mir welchen kauft.«

»Okay.« Jason setzt sich neben Samantha und hört zu, wie sie ihre Geschichte diktiert. Wenn ein Lehrer ihn so unter Druck gesetzt hätte, dann hätte er sich sofort wieder in sein Schneckenhaus verkrochen. Aber so hat die Drohung sein Interesse an Samanthas Geschichte geweckt. Er deutet ihre Warnung korrekterweise als Zeichen der Freundschaft, und die Geschichte bestätigt diese Annahme.

Es war einmal ein kleines Mädchen. Dann kam ein Hubschrauber. Dann sagte das kleine Mädchen guten Tag zu dem Hubschrauber. Dann sagt ein kleines Kätzchen guten Tag zu dem Hubschrauber. Dann sind das Kätzchen und das Mädchen und der Hubschrauber Freunde.

Alex will nicht zurückstehen. »Ich nehme dich auch in meine Geschichte, Jason. Du stürzt ab. In meiner Geschichte stürzt der Hubschrauber ab. Ist das okay?«
»Ich glaube, ja«, antwortet Jason und holt sich einen Stapel Papier für seine Hubschrauberbilder.
»Mal jetzt nicht, Jason«, bedrängt ihn Samantha. »Willst du mein Mann sein?«
»Nein, ich habe zuviel zu tun.«
»Oder das Baby? Oder der Koch? Willst du einen Geburtstagskuchen backen? Möchtest du tot sein, aber dann wieder lebendig werden? Weißt du noch, das hat dir neulich gut gefallen.«
Während Samantha noch weitere Szenarien erfindet, merkt sie gar nicht, daß Jason inzwischen aufgehört hat zu malen und statt dessen ein großes Oval ausschneidet. »Das ist dein Umhang, Samantha. Für die Königin. Ich bin der König.« Aber als ich nach einer Weile einen Blick auf ihr Schloß aus Klötzen werfe, scheint Jason das Baby der Königin zu sein.
Drängt Samantha Jason immer noch in die Babyrolle, weil er

ihr babyhaft erscheint? Ich bezweifle es. Zu oft schon habe ich große Kinder beobachtet, die mit Vorliebe im Puppenbett spielen — deshalb denke ich nicht, daß es eine direkte Verbindung zwischen äußeren Merkmalen und inneren Wünschen gibt.
Samanthas Motive sind meiner Meinung nach simpel und verständlich. Sie spielt gern die Mutter, und sie mag Jason. Um ihre Gefühle ausdrücken zu können, muß sie seine Mutter spielen. Für viele Kinder ist das Verhältnis Mutter—Baby das deutlichste Symbol für Liebe. Am Ende des Schuljahrs wird Samantha dazu übergegangen sein, die gleichen Gefühle in der Große-Schwester-kleine-Schwester-Version auszuagieren, und Lilly wird bereitwillig ihr eigenes Mutter-verlorenes-Kind-Szenario aufgeben, um Samanthas kleine Schwester zu werden.
Es ist interessant, daß Samantha in ihrer Hubschraubergeschichte das kleine Mädchen ist. Vielleicht ist es schwirig, in eine Hubschrauberphantasie eine Mutterrolle zu integrieren. Das ist sehr günstig für Jason, denn Samantha muß ihn deshalb mindestens einmal am Tag überreden, aus seinem Helikopterhaus herauszukommen. Ihr Wunsch, die Mutter-Baby-Szene zu spielen, liefert Jason den logischen Kontext, bei einem Spiel ohne Hubschrauber mitzumachen. Im Vergleich zu Samanthas Dringlichkeit sind meine Versuche nur fade Ablenkungsmanöver.
Und was hat Alex mit Jason vor? Auch er hat Jason in eine Geschichte aufgenommen, aber seine Motive sind nicht so klar wie bei Samantha.
»Du mußt jetzt abstürzen«, erklärt Alex, als er mit Jason auf der Bühne steht.
»Ich drehe die Räder im Kreis.«
»Nein, Jason, du mußt richtig abstürzen. Du mußt hinfallen.«
»Er geht nicht kaputt«, entgegnet Jason.
»Alex meint, du sollst so tun, als würdest du abstürzen«, versuche ich zu helfen.

»Aber der Hubschrauber tut nicht so«, wehrt sich Jason.
»Alex, könnte Jason nicht sicher landen? Er hat keine Lust abzustürzen.«
»Ja, das ginge. Dann stürzt ein anderer Hubschrauber ab. Er nicht. Wer will abstürzen?« fragt Alex, und gleich mehrere Kinder melden sich. Abstürzen gefällt den meisten Jungen, aber Jason kann noch nicht zulassen, daß ein anderes Kind die Kontrolle über seine Abstürze übernimmt.
Trotzdem macht diese Erfahrung Jason Mut. Als ich mich nun Arlenes Geschichte zuwende, springt er auf. »Wer möchte in dieser Geschichte sein?« fragt er. »Meldet euch.«
Die Kinder sind einen Augenblick lang ganz verwirrt, dann heben sie die Hände. Arlene verfolgt alles mit großem Interesse.
»Wer möchte ein Hubschrauber sein?« fragt Jason.
»Ich habe keinen Hubschrauber«, erklärt Arlene.
Jason schaut sie spöttisch an. »Was *hast* du denn in deiner Geschichte?« Aus Jasons Mund ist diese Frage mehr als erstaunlich. Vielleicht hat er zum erstenmal wirklich verstanden und auch akzeptiert, daß die Kinder ihre verschiedenen Charaktere auf die gleiche Art erfinden, wie er sich seine Helikopterrolle geschaffen hat. Sein erfolgreicher Widerstand gegen Alex' abstürzenden Hubschrauber hat Jason die Möglichkeit gegeben, bewußter zwischen »Ich bin ein Hubschrauber« und »Ich entscheide mich dafür, ein Hubschrauber zu sein« zu differenzieren.
»Ich habe eine Mutter in meiner Geschichte«, sagt Arlene. »Sie ist eine Schlange. Und dann sind da auch Babys.«
»Bist du die Mutter?« erkundigt sich Jason. Sobald Arlene die Bühne betritt, geht Jason wieder an seinen Platz zurück. Ganz langsam dreht er den Propeller des Hubschraubers und redet leise mit sich selbst. Ich vermute, er murmelt: »Wer will der Hubschrauber sein?« Es ist eine Probe für die Zukunft, wenn er sich einmal trauen wird, auf ein anderes Kind zuzugehen

und zu fragen: »Willst du mit mir spielen? Wer möchtest du sein?«

Nach der Schule wollen Gail und Trish mit mir über Jasons erstaunliche Fortschritte sprechen.
»Er hat gespielt, er sei der Lehrer«, erzählt Gail.
»Das glaube ich nicht«, wendet Trish ein. »Nein. Ich glaube, er hat plötzlich begriffen, worum es in diesen Geschichten überhaupt geht.«
»Aber er hat genau Vivians Tonfall angeschlagen ...«
»Ja, ich weiß, aber ich glaube, auf einmal ergaben die Fragen selbst für ihn einen Sinn. Ist in deiner Geschichte ein Hubschrauber? Wer möchte die Mutter sein? Das sind Entscheidungen, die *du selbst* triffst, und nicht irgendwelche Dinge, die einem von außen aufgezwungen werden.«

»Ich bin der Böse«, sagt Jason zu mir. »Man hat mich wieder eingesperrt.«
»Wer hat dich eingesperrt?«
»Du hast mich eingesperrt. Weil ich keinen Mittagsschlaf machen will. Weil ich ein Hubschrauber bin. Ein böser Hubschrauber.«
Ich tue so, als würde ich den Schlüssel suchen. »Ah, da ist ja der Schlüssel.«
»Gib mir den Schlüssel«, sagt Jason. »Jetzt schließe ich den Hubschrauber auf. Jemand hat ihn ins Gefängnis gesperrt.«
Jason ist es, der den Schlüssel gefunden hat. Vorsichtig integriert er neue Ideen in die ursprüngliche Hubschrauberphantasie, und ich muß nur zuschauen und zuhören — und manchmal das Spiel mitmachen —, um mitzuerleben, wie der Entwicklungsprozeß weitergeht.

* * *

»Warum sagt Jason ›tlein‹?« fragt Alex. Alle sehen Jason an, der aber keineswegs gekränkt wirkt.

»Er kann noch nicht *k* sagen«, erkläre ich den Kindern. »Deshalb klingt bei ihm ›klein‹ wie ›tlein‹.«

Alex lacht, als ich das Wort ausspreche, und Jason beginnt zu singen: »Tlein, tlein, tlein, tlein.« Er möchte, daß die Kinder über ihn lachen, und das tun sie auch. »Tlein, tlein, tlein«, singt er weiter, solange sie lachen. Jetzt beginnen sie, ihn nachzumachen: »Tlein, tlein, tlein.«

»Was für ein Saft ist das heute?« frage ich, um das Thema zu wechseln.

»Ananas«, rufen die Kinder.

»Tlein«, wirft Jason ein, und wieder lachen alle.

»Mr. Paley liebt Ananassaft«, verkünde ich laut. Das »Tlein«-Spiel bereitet mir Unbehagen.

»Wer ist Mr. Paley?« fragte Lilly.

»Mein Mann.«

»Unser Mann ist der Papa«, erklärt sie.

»Tlein.«

»Mein Papa heißt Richard«, meint Eli.

»Tlein.« Die Kinder reagieren nicht mehr auf Jason; sie wollen jetzt die Namen ihrer Väter nennen.

»Mein Papa heißt Big Ted«, sagt Alex.

»Tlein.«

»Jason, wie heißt denn dein Vater?« erkundige ich mich.

»Tlein.«

»Du lügst, Jason«, schreit Alex. Er ist ganz empört. »So heißt er nicht.«

Jason flüstert: »Tlein«, aber dann sagt er: »Jim.«

»Mein Baby heißt Jim«, ruft Lilly begeistert. »Jason, mein Baby heißt Jim, und dein Papa heißt auch Jim. Das ist komisch.«

»Mein Baby ist auch ein Baby«, sagt Jason zu Lilly. »Sie heißt Sarah. Sie spuckt immer.«

»Das macht mein Baby auch. Unsere Babys sind genau gleich.«

Ich bin erleichtert, daß das »Tlein«-Spiel abgeschlossen ist. Aber es weist auf eine wichtige Veränderung in Jasons Verhalten hin: Er möchte, daß die Kinder über ihn lachen — das heißt, er will, daß sie ihn mögen.

Als er in die Schule gekommen ist, war seine Angst stärker als dieses natürliche Bedürfnis. Man kann zwar ein paar oberflächliche Kontakte knüpfen, aber solange man nicht will, daß alle einen mögen, ist eine Bindung wackelig und unzuverlässig.

Vieles, was ich im Klassenzimmer mache, wird durch das Bedürfnis, von den Kindern und meinen Assistenten gemocht zu werden, bestimmt. Das weiß ich. Der Impuls, bei anderen Sympathie zu wecken, verbindet uns miteinander. Wenn wir nicht wollen, daß andere uns mögen, kann das Klassenzimmer seinen Zauber nicht entfalten.

Um noch einen Augenblick bei mir zu bleiben: Welche spezifischen Handlungen meinerseits sind — ganz abgesehen von den anderen positiven Seiten, die sie haben — vor allem darauf ausgerichtet, daß meine Schulfamilie mich mag? Alles, was mein Interesse und meine Zuneigung ausdrückt. Ich höre den Vorschlägen, die andere machen, aufmerksam zu; ich zitiere, was andere gesagt haben; ich lache über ihre Witze (über »tlein« habe ich allerdings nicht gelacht, das gebe ich zu), und ich versuche manchmal zu erreichen, daß sie über mich lachen; ich erzähle gute Geschichten und freue mich über die Geschichten, die man mir erzählt.

All das sind sicher Aspekte des Unterrichts, die den Kindern helfen, sich weiterzuentwickeln und sich zu verändern, aber ich verfolge dabei auch meine eigenen Zwecke. Insgeheim stelle ich mir vor, wie die Kinder nach Hause kommen und sagen: »Ich *mag* Mrs. Paley. Sie ist eine unheimlich nette Lehrerin.«

Als junger Lehrerin lag mir vor allem an der Bestätigung durch den Direktor. Vor den Kindern hatte ich Angst. Es schwirrten einfach immer viel zu viele um mich herum — und sie waren Menschen, die ich beeinflussen und denen ich in ihrer Entwicklung weiterhelfen sollte, und zwar möglichst schnell und deutlich sichtbar, wenn ich wollte, daß mein Direktor mich mochte.

Erst als ich begann, die Bestätigung der Kinder zu suchen, konnte ich mich auf die Bedürfnisse der einzelnen und gleichzeitig auf die Unterschiede zwischen den Kindern konzentrieren. Wenn man erreichen will, daß jemand einen mag, dann versucht man herauszufinden, was ihn freut. Mir wurde klar, daß es mir unmöglich war, jemandem etwas beizubringen, wenn mich der- oder diejenige nicht mochte.

Jasons »Tlein«-Spiel ist ein Zeichen dafür, daß ihm daran liegt, daß wir ihn mögen. Aber warum hat er so lange gewartet? Während der ersten Monate haben Simon und Joseph mit allen Mitteln versucht, ihn in ihr Spiel zu locken, aber Jason hat sich verweigert. Er war zu ängstlich, um sich darum zu kümmern, ob die Jungen ihn mochten — so wie ich während meiner ersten Jahre als Lehrerin. Im Klassenzimmer waren zu viele Kinder, und auf alle mußte ich eingehen; Jason konnte nur an seine eigene Sicherheit denken und durfte auf keinen Fall die Kontrolle verlieren.

Jasons verläßlichstes Werkzeug war sein Hubschrauber; ich verließ mich auf Drill und Übungen. Wir beide, Jason und ich, schwebten als Neulinge über den Kindern, ohne auf ihren Rollbahnen zu landen, ohne uns auf ihre Phantasien wirklich einzulassen.

Ich kann meine eigenen Grundlagen und meine Erfahrungen nicht einfach ignorieren, und im Grunde kenne ich Jason nicht wirklich. Aber er ist ein Kind, das mich dazu bringt, mich selbst und alle anderen zu analysieren. In seiner offensichtlichen Verwirrung macht er mir vieles klar.

Meine stets wiederkehrende Frage: »Kommt in der Geschichte ein Hubschrauber vor?« sollte beispielsweise Jason helfen, darüber nachzudenken, welchen Effekt es hat, wenn ein Hubschrauber in eine Geschichte hineinfliegt, die gerade im Entstehen ist. Aber meine Frage verminderte Jasons Verwirrung keineswegs. Vielleicht hat sie ihm nur signalisiert, er solle mit dem Hubschrauberspielen aufhören, mehr nicht.

Bei genauerem Hinsehen merkt man, daß meine Frage tatsächlich irreführend ist. Ich habe eine Geschichte schriftlich vor mir, also muß ich doch wissen, ob darin ein Hubschrauber auftaucht oder nicht. Wäre ich ehrlicher gewesen, hätte ich anders reagiert: »In dieser Geschichte kommt kein Hubschrauber vor, Jason. Du mußt dich melden, wenn du eine Person in Simons Geschichte spielen möchtest.«

Als die Kinder anfingen, Hubschrauber in ihre Geschichten aufzunehmen, war Jason imstande, sich selbst die Fragen zu stellen, die ihn am meisten bedrängten: Wird der Urheber der Geschichte Macht über mich haben? Gebe ich etwas von mir auf, wenn ich in dieser Geschichte mitmache?

Nicht alle Kinder reagieren so intensiv. Für Katie scheinen Themen wie Macht und Einfluß kaum Probleme aufzuwerfen. Das ist ein sehr positiver Charakterzug, aber es ist nicht ihr Verdienst, daß sie in der Hinsicht weniger Schwierigkeiten zu überwinden hat als andere Kinder.

Katie malt oft Bilder für ihre Spielkameraden und liefert glänzende Beispiele dafür, wie man Geschenke macht und »nett« ist. Genau das tun Leute, wenn sie wollen, daß man sie mag.

Aber bis jetzt ist es erst zweimal vorgekommen, daß Jason etwas verschenkt hat — das Hubschrauberbild für Arlenes Geschichte und der Königinnen-Umhang für Samantha —, und da müssen die Engel gesungen haben. Machte Jason diese Geschenke, weil er wollte, daß man ihn mag? Ich glaube, so wie ich Jason kenne, war er neugierig darauf, wie er sich dabei fühlen würde.

Der Wunsch, geliebt zu werden, bringt es mit sich, daß man sich engagiert, und das hat weitreichende und konstruktive Folgen für den Schulalltag. Bevor wir bei einem Kind bestimmte Verhaltensweisen ablehnen, lohnt es sich zu fragen, ob das Kind vielleicht versucht, Mittel und Wege zu finden, um Sympathien zu gewinnen. Soll uns sein Verhalten beispielsweise zum Lachen bringen?

Lachen reicht Jason nicht; er sucht andere Formen der Kontaktaufnahme. »Hast du einen Hubschrauber?« fragt er Alex.

»Nein.«

Wenig später wiederholt er die Frage. »Alex, hast du einen Hubschrauber?«

Als Jason die Frage zum drittenmal stellt, sage ich: »Willst du, daß Alex mit dir Hubschrauber spielt?«

»Mein Propeller ist kaputt. Ich muß ihn reparieren.«

Ich setze mich an den Geschichtentisch. Da höre ich: »Alex, hast du einen Hubschrauber?« Was bedeutet Jasons Frage? überlege ich mir.

Alex scheint nicht verwirrt. »Vielleicht kriege ich einen.«

»So einen?«

»Ja, ich glaube.«

Als Joseph kommt, belagert Jason ihn mit ähnlichen Fragen.

»Was für einen Hubschrauber hast du, Joseph?«

»Ich hab' keinen.«

»Hast du einen Hubschrauber?«

Joseph starrt Jason an. »Ich hab' keinen Hubschrauber.«
»Hast du so einen?«
»Nein.«
Warum hört Jason nicht auf zu fragen? Vielleicht kann er sich inzwischen vorstellen, mit einem anderen Kind Hubschrauber zu spielen, aber es erscheint ihm immer noch ausgeschlossen, daß jemand einen seiner Hubschrauber in die Hand nimmt. Selbst im sicheren Rahmen einer Geschichte darf niemand seinen Hubschrauber anfassen. Das muß ein enormer innerer Kampf für Jason sein. Er möchte so spielen wie die anderen, und er hat wichtige Schritte nach vorn gemacht, aber im Zentrum seines Spiels steht der Hubschrauber, *sein* Hubschrauber, dieses wunderbare, ganz individuelle Symbol, das er mit niemandem teilen kann. Ahnt Jason, so frage ich mich, daß ihn eine noch herrlichere Erfahrung erwartet, nämlich die Freiheit, seine Phantasie mit einem anderen Kind zu teilen?

»Warum kaufst du nicht einfach eine ganze Flotte von Hubschraubern für das Klassenzimmer?« schlägt Trish vor, während sie sich eine Tasse Kaffee eingießt. Wir sind noch nicht fertig mit dem Aufräumen, aber sie will unbedingt über Jasons Hubschrauberfragen sprechen, also setzen wir uns mit unseren Thermoskannen an einen der bereits sauberen Tische.
»Aber Trish, wenn wir das machen, weichen wir dann dem Problem nicht einfach aus?« wendet Gail ein. »Übrigens, Vivian, warum haben wir denn überhaupt keine Hubschrauber?«
»Letztes Jahr hatten wir mehrere, und sie sind samt und sonders kaputtgegangen. In der großen Kiste sind noch zwei kleine Flugzeuge, aber mit denen spielt nie jemand. Welchem Problem würden wir damit ausweichen?« frage ich Gail.
»Na ja, würde das nicht bedeuten, wir kommen mit einer Lösung an, bevor wir überhaupt wissen, was das Problem ist?«

»Das stimmt«, pflichtet ihr Trish bei. »Denkt doch nur dran, was beim Singen passiert ist. Warum mußte Jason von der Gruppe weglaufen, als alle spielten, sie seien Hubschrauber?«
»Das hat mich auch gewundert«, sage ich. »Er schien völlig überfordert. Und ich war mir so sicher, daß ihm mein Hubschrauberlied gefallen würde. Die meisten von *meinen* Ideen funktionieren bei Jason nicht. Er greift entweder Ideen von anderen Kindern auf, oder er regelt seine Angelegenheiten allein.«
»Warum warten wir nicht ab, was Jason von sich aus macht«, schlägt Trish vor. »Er hat ja bestimmt seine Gründe, warum er die Kinder fragt, ob sie einen Hubschrauber haben — es ist schließlich seine Frage, nicht unsere.«
»Da ist etwas, was ich absolut nicht begreife«, sagt Gail plötzlich. »Warum kann Jason seine Hubschrauberphantasien nicht für sich behalten? Spielt das eigentlich eine Rolle?«
»Ich glaube schon«, antworte ich schnell. »Es kann ja sein, daß Jason mit dem Problem Phantasie—Wirklichkeit nicht zurechtkommt und daß sein Hubschrauberspiel nur seine Art ist, uns seine Verwirrung zu zeigen. Vielleicht hat er Angst, jemanden in seine Phantasie hineinzulassen, und zwar aus dem gleichen Grund, weshalb er Angst hat, die Phantasien anderer Kinder mitzuspielen. Wenn man erst mal reingeht, kommt man nicht mehr so ohne weiteres raus.«
»Und das andere Kind könnte dann Macht über ihn gewinnen?«
»Oder ihm Angst einjagen, und er könnte dann nicht wieder an einen sicheren Ort fliegen.«
»Oder jemand könnte ihm seinen Hubschrauber wegnehmen.« Gail und Trish fallen immer neue Erklärungen ein. »Es ist ja schon fast mystisch, oder?« fragt Gail.
»Stimmt. Kinder *sind* mystisch. Wenn wir Jason weiter beobachten, können wir vielleicht den Finger auf ein paar von die-

sen Mißverständnissen legen. Zum Beispiel hat er gestern aus den Kisten oben einen Eichhörnchenbau gebastelt. Immer, wenn Simon in die Nähe gekommen ist, hat Jason so getan, als wäre es ein Flughafen. Aber bei allen anderen bezeichnete er sein Bauwerk als Eichhörnchenbau. Warum? Tja — die Eichhörnchenphantasie gehört *Simon*. Zeigt das nicht, daß Jason Angst hat, die Phantasie eines anderen Kindes auszuborgen?«
»Als würde er dem anderen Kind seinen Schatten stehlen — oder seine Seele.« Trish denkt kurz über ihre Idee nach, dann platzt sie heraus: »Aber das ist doch unmöglich! Muß ich denn tatsächlich vierundzwanzig oder mehr Kinder so analysieren, wenn ich meine eigene Gruppe leite? Dann habe ich ja für nichts anderes mehr Zeit!«
»Aber Trish, der Lehrer muß ja nicht die ganze Arbeit alleine machen«, erinnere ich sie, und sie blinzelt Gail zu. Ich bin dabei, mein Lieblingsthema anzusprechen. »Die Kinder korrigieren sich dauernd gegenseitig, während sie spielen und arbeiten und reden und die Geschichten aufführen. Nur wenn das Klassenzimmer so strukturiert ist, daß die Kinder voneinander isoliert sind, muß der Lehrer alle Verbindungen selbst herstellen, und das ist allerdings ein unmögliches Unterfangen.«

Am nächsten Morgen wird mir schlagartig klar, daß Jason nicht weiß — daß er *wirklich* nicht weiß —, welche Beziehung zwischen den Geschichten besteht, die wir diktieren, und denen, die wir im Geschichtenzimmer ausagieren.
Mitten in Samanthas Geschichte sagt Jason zu mir: »Ich bin in meiner Geschichte ein Hubschrauber, und jemand anderes ist auch ein Hubschrauber...« Er macht keinerlei Anstalten, sich auf Samanthas Geschichte einzulassen, sondern redet so, als hätte er sich gerade an den Geschichtentisch gesetzt, um seine eigene Geschichte zu diktieren.

»Schau mal, Jason«, sage ich und deute auf die Bühne. »Wir sind gerade mitten in Samanthas Geschichte.«
»Wo ist meine?«
»Du hast heute gar keine erzählt.«
»Hab' ich doch! Ich bin der Hubschrauber in meiner Geschichte! Ich hab' sie erzählt!«
»Kein Grund zur Aufregung, Jason. Du hast dir die Geschichte *ausgedacht*, in deinem Kopf. Du warst wahrscheinlich zu beschäftigt, um sie mir zu erzählen.«
»Ich erzähl' dir doch dauernd!« beschwert er sich. »Und du sagst immer, ich soll aufhören.«
»Ich erinnere dich morgen daran, Jason. Das verspreche ich dir.«
Wieder einmal zeigt Jason sehr deutlich, an welchem Punkt er blockiert. Andere Kinder, die ähnliche Schwierigkeiten haben, machen mit und tun so, als hätten sie verstanden — sie warten darauf, daß Zeit und Erfahrung die immer wiederauftauchenden Zweifel ausräumen. Aber Jason möchte erst alle »Fehler« beheben, bevor er weitermacht.
Wenn ich nur zu ihm gesagt hätte: »Erzähl mir deine Geschichte, und ich schreibe sie auf, damit wir sie nachher spielen können«, dann hätten weder er noch ich gewußt, wieweit er den Prozeß begriffen hat. Oder wie lang es dauern würde, bis er ihn versteht. Auf Samentütchen finden wir genaue Zeitangaben, bei Kindern nicht; wir können nicht einfach ablesen, wann ein bestimmter gedanklicher Zusammenhang heranreift und Blüten treibt.
Wenn ich herausfinden will, wie Jason begreift, was es mit dem Geschichtenerzählen auf sich hat, muß ich geduldig hinschauen und zuhören. Ich vermute, daß die erforderlichen Einsichten indirekt kommen werden und nicht, während er gerade eine Geschichte erzählt. Aber niemand kann sagen, wo

für einen anderen Menschen die Augenblicke der Erkenntnis liegen — nicht einmal bei sich selbst weiß man das.

»Es ist Zeit, ins Bett zu gehen, Papa«, sagt Lilly zu Eli.
»Sehen wir abends nicht erst noch ein bißchen fern?«
»Und dann wacht das Baby davon auf? Ja, das machen wir.«
Seltsam, daß das als spannende Spielhandlung gelten soll. Kein Erwachsener käme auf die Idee, so etwas als zentrales Motiv für ein Theaterstück zu verwenden.
»Aber wir brauchen noch ein Kind, das aufwacht. Edward...?« Edward telefoniert gerade. »Ich bin die Polizei. Ihr müßt mich anrufen. Nehmt Jason. Er malt gerade.«
Verblüffenderweise reagiert Jason sofort, als er gerufen wird. Vielleicht, weil die Aufforderung von Lilly kommt. »Was wollt ihr?« fragt er.
»Wir brauchen ein Kind, Jason«, erklärt Eli. »Oder eine Puppe?«
»Keine Puppe«, entscheidet Lilly. »Wir brauchen ein richtiges Baby. Oder du könntest ein Kind sein. Einverstanden, Jason?«
Sie legt Jason vorsichtig ein Lätzchen um, und er wehrt sich nicht. »So. Leg dich hin, kleines Kind. Und ich muß jetzt ein schönes Kleid anziehen, und dann sehen Papa und Mama fern, und dann weint das Baby, weil wir dich aufgeweckt haben.«
Lilly und Eli schieben zwei Stühle nebeneinander und starren auf ein Bild an der Wand. Plötzlich springt Eli auf und dreht an einem imaginären Knopf. »Jetzt ist es laut, Mama. Jetzt mußt du weinen, Jason. Es hat dich aufgeweckt.«
»Wäh, wäh, wäh.«
»Entschuldige, Baby, wir stellen es leiser. Gute Nacht. Schlaf weiter.«
Jason schließt die Augen, und kurz darauf wird der gleiche Vorgang wiederholt. »Wäh, wäh, wäh.« Jason spielt seine Rolle

perfekt. Es ist ungeheuer befriedigend für ihn und für die anderen, jeden Schritt des Handlungsablaufs noch einmal nachzuvollziehen: hinsetzen, fernsehen, den Ton aufdrehen, das Baby weinen lassen, sich entschuldigen, den Apparat leiser stellen, wieder von vorne anfangen.

Nach vier oder fünf Wiederholungen ist der Zeitpunkt gekommen, um die Geschichte auszuweiten. »Habt ihr die Polizei gerufen?« fragt Edward. »Ich bin am Telefon, damit ihr mich anruft.«

Lilly wählt sofort am anderen Telefon eine imaginäre Nummer. »Polizei, Polizei. Jemand weckt das Baby auf.«

»Wer ist es?«

»Vielleicht ein Einbrecher. Wir haben ihn im Fernsehen gesehen.«

»Okay. Ruft mich an, wenn er das Baby wieder aufweckt.«

Jetzt beginnt eine neue Serie von Wiederholungen: fernsehen, auf den Einbrecher auf dem Bildschirm deuten, die Polizei anrufen, um mitzuteilen, daß der Einbrecher das Baby aufweckt, zum Fernseher zurückgehen. Hier ist eine klar strukturierte Lektion in Gruppenphantasie, die Jason genau studieren kann. Die Charaktere sind klar benannt; der Ablauf der Ereignisse wird vorher beschrieben und genau befolgt; das Muster wird wiederholt.

So muß es aussehen, damit Jason lernen kann, seinen Hubschrauber in das Gemeinschaftsleben zu integrieren. Kleine, rhythmische Echospiele, die sich nicht zu sehr von seinem eigenen Spiel mit den kaputten und dann wieder reparierten Propellerflügeln unterscheiden. Simon und Joseph kommen zwar schon seit langem immer wieder mit Vorschlägen für ihn an, aber offensichtlich mangelt es Jason noch an Erfahrung in dieser Kunstform, um die größere Bandbreite an Variationen mit seinem eigenen Spiel in Einklang zu bringen.

Für einen Anfänger ist die Puppenecke ein guter Ort mit ihren beruhigenden, sich wiederholenden Handgriffen aus dem häuslichen Alltag, aber Jason bevorzugt die intimere Perspektive seiner Hubschraubergarage, so wie Simon früher seinen Eichhörnchenbau brauchte.

»Die Höhle kracht ein«, ruft Simon.

»Ich ruf' die Polizei«, antwortet Jason zu Simons Überraschung.

»Die Hubschrauberpolizei?«

Jason tut so, als würde er wählen. »Hubschrauberpolizei, Hubschrauberpolizei, bitte melden Sie sich auf Apparat sechs, sieben, acht.«

»Sag ihnen, daß ich einkrache.«

»Er kracht ein.«

»Kein Problem, ich hab' mich ausgebuddelt. Oh, oh, oh, die Höhle kracht wieder ein! Oh, oh, oh, Hilfe!«

»Hubschrauberpolizei, Hubschrauberpolizei, bitte gehen Sie ans Telefon. Er kracht ein.« Jason wählt ein paarmal hintereinander.

»Kein Problem. Ich hab' mich wieder ausgegraben.«

Ich will Jason begeistert zurufen: »Du hast es kapiert! Du hast es tatsächlich kapiert!« Der Hubschrauber hat einen Notruf gehört und Hilfe geholt. Gleichgültig, wie tief die Gräben und wie hoch die Mauern, die Stimmen der anderen Kinder können sie überwinden. Die Art, wie Kinder sich gegenseitig in ihrem Spiel beeinflussen, hilft ihnen, sich selbst wahrzunehmen, so offen und intensiv, wie sie es von einem Erwachsenen nie lernen könnten. Jason hat den ersten Schritt getan — und nun gibt es so viel für ihn zu lernen.

Alex ist in einer Stimmung, in der er alle ärgern möchte. »Das sieht ja gar nicht aus wie ein Hubschrauber, Jason.«

Jason holt tief Luft, um zu schreien, aber dann überlegt er es sich anders. »Es *ist* aber ein Hubschrauber.«
»Warum bist du dann nicht im Himmel, hä?«
»Ich sitze da«, antwortet Jason verwirrt.
»Du bist aber nicht im Himmel, ätschbätsch.«
»Aber ich bin ... wenn ich ... im Himmel ...«
»Ätschbätsch, mein Gummibärflugzeug, in dem ich sitze, kann besser fliegen als du.«
Zu meiner Überraschung lacht Jason. »Das ist ein blöder Hubschrauber. Ein blödes, blödes Nichts«, sagt er. Er versucht, sich beliebt zu machen, so wie mit seinem »Tlein«.
Alex akzeptiert Jasons freundliche Reaktion und antwortet nun seinerseits ganz ähnlich. »He, Jason, du fliegst ja ganz da oben! Mensch! Du bist wirklich ganz hoch oben. Samantha, sieh mal, Jason ist ganz oben im Himmel.«
»Miau, miau.« Samantha leckt sich die Pfoten. »Miau, miau, ich bin ein Kätzchen, miau, miau.«
»Es ist ein Kätzchenflughafen«, sagt Jason schnell. »Ja, ein Kätzchenflughafen. Für kleine Katzen. Samantha, wo ist das Kätzchen?«
Einen Moment lang ist Samantha sprachlos. Das ist ein neuer Jason, und sie weiß nicht so recht, wie sie sich verhalten soll. Dann verläßt sie sich auf ihren Instinkt. »Miau, miau, hier ist dein Kätzchen.«
»Wo ist das Kätzchen?« wiederholt Jason. »Komm, Kätzchen, komm.« Er hat zwei Klötze entfernt, um einen Eingang für Samantha zu machen. »Komm, Kätzchen, wo ist denn das Kätzchen?« ruft er.
»Miau, miau, hier ist dein Kätzchen«, schnurrt Samantha. Sie krabbelt zwischen den Klötzen des Hubschrauberlandeplatzes herum, während Jason ihr übers Haar streichelt. Das ist eine wunderbare Puppeneckenszene, wie man sie besser nicht erfin-

den könnte, und Jason braucht keinerlei Hilfestellungen, um die Spielhandlung auszubauen.
»Miau, miau, miau.«
Jason beugt sich zu Samantha herab und flüstert: »Okay, die Frau wird dich nicht aussperren. Wenn du rausgeworfen wirst, helfe ich dir wieder rein. Komm, Kätzchen, miau, miau. Oh, oh, die Frau hat dich ausgesperrt. Komm, Kätzchen. Ich laß dich wieder rein. Komm, Kätzchen, miau, miau.«
Als Jason später neben mir sitzt, um seine Geschichte zu erzählen, *muß* ich ihn einfach fragen: »Kommt in deiner Geschichte ein Kätzchen vor?«
»Nein«, antwortet er überrascht.
»Ich habe vorhin gehört, wie Samantha und du Kätzchen gespielt habt.«
»Nein.« Er hat nicht die Absicht, über seine Erfahrung zu sprechen oder sie in eine Geschichte aufzunehmen. »Da fliegt der Hubschrauber«, beginnt er. »Er fliegt immer höher in den Himmel. Und der Propeller dreht sich ganz schnell. Der Hubschrauber ist unheimlich schnell. Und er landet nie. Ende.«
Als es Zeit ist, nach Hause zu gehen, nimmt Jason seine Jacke vom Haken und sagt zu mir: »Im meinem Bauch ist ein Baby.«
»Wie bei deiner Mama?«
»Das Baby hat eine kleine Höhle innen drin. Die Frau läßt das Baby raus.«
Wir können nicht jeden Gedanken entschlüsseln, der ein Kind beschäftigt. Das ist auch gar nicht nötig. Die Verbindungen zwischen den verschiedenen Ereignissen werden durch das Leben selbst, zu Hause und in der Schule, geknüpft. An beiden Orten können die Erwachsenen, die dem Kind zuhören und auf es eingehen, eine wichtige Funktion erfüllen. Aber es sind die Kinder selbst, die die Türen zu ihren Geheimnissen öffnen

— oder nötigenfalls verschließen —, wenn sie ihre Szenen spielen; und die Bilder in ihren Köpfen spiegeln die Menschen und Ereignisse in ihrer Umgebung wider.

»Wer ist mein Freund?« fragt mich Jason.
»Samantha?«
»Sie ist meine Kätzchenfreundin.«
»Das Mutterkätzchen?«
»Das geht nicht. Weil ich *sie* reinlasse. Sie läßt mich nicht rein.«
»Bist du das große Kätzchen?«
»Nein, ich bin ein großer Mensch. Ich bin acht.«
»Na und, Jason«, wirft Alex ein. »Mein Bruder ist *neun*.«
»Na und, *mein* Bruder ist zehn«, gibt Jason zurück. Er hat gar keinen Bruder, aber er hat durchschaut, worum es bei diesem Spiel geht.
»Worüber würden wir reden ohne Jason?« fragt Gail, als ich von der letzten Unterhaltung berichte.
»Moment mal. Ich wette, wenn wir eine Liste führen würden, dann könnten wir sehen, daß wir genausooft über Samantha und Alex und Simon und die anderen reden.«
»Na ja, wenn das so ist«, lacht Trish, »dann doch vor allem deswegen, weil du uns immer wieder darauf hinweist, daß sie im Grunde das gleiche machen wie Jason, nur auf etwas andere Art.«
»Apropos Samantha«, meint Trish, »warum hängt sie so an Jason? Es gibt andere, die gerne ihr Baby spielen würden. Warum ausgerechnet Jason?«
»Ja, das habe ich mir auch schon überlegt«, fügt Gail hinzu. »Sie ist schon fast fünf und wird von den älteren Mädchen voll akzeptiert und als Autorität anerkannt. Warum also Jason?«
»Warum miau, miau, miau?«

»Warum wäh, wäh, wäh?«
»Warum brrrummm?«
»Warum grrrr?«
Wir fangen alle an zu lachen, und Trish tanzt plötzlich um den Tisch herum, während Gail die Arme ausbreitet und wie ein Hubschrauber durchs Zimmer brummt und ich auf allen vieren herumkrieche und miaue. Meine Kolleginnen beugen sich zu mir herunter und kraulen mir den Nacken. »Wo ist das Kätzchen, komm, Kätzchen, braves Kätzchen.«
»Puh! Das hat Spaß gemacht«, seufzt Gail und streckt sich auf dem Fußboden aus. »Deshalb spielen sie das den ganzen Morgen!«
»Wißt ihr was? Die meisten Kinder fangen ihre Schulzeit an mit ›Komm, Kätzchen, miau, miau‹ und geben dann erst langsam ihrer Unzufriedenheit und Unsicherheit Ausdruck. Jason macht es gerade umgekehrt. Es hat Monate gedauert, bis er sich zu einem ›Komm, Kätzchen, miau, miau‹ durchgerungen hat. Zuerst mußte er seine Fehler machen, wie er uns ja oft genug versichert hat.«
»Ihr lacht mich bestimmt aus«, meint Trish, »aber ich bin genauso. Ehrlich. Ich habe sechs Monate damit verbracht, alles falsch zu machen. Aber in letzter Zeit habe ich auch ein bißchen so ein Gefühl von ›Komm, Kätzchen, miau, miau‹.«
»Wie schön«, sage ich. »Bei mir war es genauso, nur hat es *Jahre* gedauert, nicht Monate. Glaubt mir, ich hatte auch meine Hubschraubergarage.«
»Wie meinst du das?«
»Jasons Hubschraubergarage schirmt ihn gegen die Phantasien der anderen ab, und für mich haben der Drill und die Tests in den Anfangsjahren eine ganz ähnliche Funktion erfüllt.«
»Was ist denn deiner Meinung nach mit den Phantasien der Kinder passiert, als du noch so warst?«

»Ich glaube, sie waren immer da und haben nur darauf gewartet, in Aktion treten zu können. Ich habe sie nur nicht genutzt. Die Kinder haben sie ausagiert, und ich habe nicht zugehört. Ihr wichtigstes ›Fach‹ wurde nie Teil des Lehrplans.«

In letzter Zeit bin ich ganz unsicher geworden, ob man kleinen Kindern Märchen erzählen soll. Selbst wenn ich die Geschichte in meinen eigenen Worten erzähle und die gefährlichen Stellen abwandle, scheinen die Kinder beunruhigt. Samantha und Lilly wechseln sich ab mit der Frage, ob jemand aufgefressen wird oder sich verirrt und verlorengeht, und Arlene möchte immer wissen, ob ich sie denn auch »richtig« erzähle. »Richtig« heißt furchterregend.
Trotzdem sind die Gespräche, die wir im Anschluß an die Märchen führen, wichtig und aufschlußreich. Im Alter von vier Jahren erkennen die meisten Kinder die Themen, die in diesen alten Geschichten verborgen sind, und setzen sich mit ihnen auseinander. Heute sieht sich sogar Jason veranlaßt, sich an der Diskussion über »Die drei kleinen Schweinchen« zu beteiligen.
»Ich wüßte gern, ob die Mutter ihre drei Schweinchen vermißt hat«, sage ich und merke sofort, daß das eine viel zu manipulative Fragestellung ist.
»Sie ist nicht lieb«, antwortet Lilly, »sie hat die Kinder weggeschickt.«
»Weil sie nicht gewußt hat, was sie mit ihnen machen soll, Lilly«, erklärt Samantha.
»Ja, sie hat ihr ganzes Geld verloren«, fügt Joseph hinzu.
»Vielleicht ist ein Dieb gekommen und hat es ihr weggenommen«, meint Alex.
»Aber Lilly tut es leid, daß sie ihre Kinder weggeschickt hat.«
Und mir tut es leid, daß ich eine Frage gestellt habe, die Lilly

traurig macht. »Wahrscheinlich hat sie gar nicht gewußt, daß da ein Wolf war«, schlage ich vor.
»Doch hat sie es gewußt!« widerspricht Joseph. »Aber sie wollte, daß die Kinder weg sind, ehe der Wolf kommt, damit sie ihn reinlegen kann und ihn mit einem Stock stechen kann.«
»Sie könnte auch eine Gabel in den Wolf stechen«, meint Vinnie.
»Sie könnte auch mit einer Pistole schießen. Peng-peng.« Jason zielt mit einem Propellerflügel seines Hubschraubers auf die Mitte des Teppichs.
»Aber in den Häusern hatten sie keine Pistole, Jason. Sie muß eine Axt nehmen.«
»Oder Feuer, Simon«, erwidert Jason. »Und kochendes Wasser.«
»Dein Vorschlag ist interessant, Joseph. Du meinst, die Mutter hätte das Gefühl gehabt, daß ein Wolf kommt, und deshalb wollte sie die Kinder wegschicken, um sie zu retten.«
»Und die Kinder wären dann nicht zu Hause«, sagt er. »Und sie war stärker.«
»Stärker als der Wolf?« frage ich.
Alle nicken zustimmend. »Viel stärker. Die Mutter ist viel, viel stärker«, versichern sie einander.
Ich habe noch eine Frage auf Lager. »Ich wüßte gern, ob die Kinder zurückkommen, um wieder bei ihrer Mutter zu leben.« Sofort kommt im Chor die Antwort: »Ja.«
»Sie vermißt ihre Kinder«, sagt Edward.
»Weil sie nicht gern mit dem Baby allein sein will«, meint Jason.
»Meinst du, sie hatte ein Baby zu Hause?«
Schweigend denken die Kinder über diese Frage nach. Es ist ein feierlicher Augenblick. »Nein, hatte sie nicht, Jason«, beschließt Joseph. »Sie war zu arm.«

»Und sie hatte zu viel zu tun«, ergänzt Alex. Die Kinder wollen nicht an ein Baby zu Hause denken, während die drei kleinen Schweinchen draußen im Wald dem Wolf ausgeliefert sind.

»Aber Jason denkt, daß da vielleicht ein Baby war«, erinnere ich die andern.

»Jason, weißt du, das Baby ist das kleinste von den drei Schweinchen«, erklärt Katie. »Das ist auch weggegangen.«

»Ich glaube, vielleicht können sie zurückgehen und in ihrem alten Haus wohnen, und dann würden sie sehen, daß der Wolf da an der Wand aufgehängt ist«, beschreibt Joseph die Szene, als habe er das Innere des Hauses der Mutter vor Augen.

»Wo ist der Papa?« frage ich.

»Sie haben keinen Papa.«

»Vielleicht hat ihn der Wolf getötet«, schlägt Alex vor.

»Stimmt! Er war auf der Jagd, und der Wolf hat ihn getötet.«

»Nein«, sagt Jason. »Er ist bei der Arbeit.«

»Ja, er fliegt mit dem Flugzeug zu einer Sitzung.«

»Vielleicht ist er in einem Hotel und auf Reisen.«

»Und wenn er nach Hause kommt«, beschließt Alex, »dann sagt ihm die Mutter, er soll sich keine Sorgen machen, die Kinder sind gleich wieder da.«

»Wie wollen wir es spielen?« frage ich. »Bei meiner Geschichte werden die Schweinchen nicht vom Wolf aufgefressen.«

»Aber das ist nicht die richtige Geschichte«, wendet Simon ein.

»Ich mag die richtige Geschichte nicht«, sagt Lilly, und alle stimmen ihr zu, auch Simon.

»Okay, die Schweinchen rennen zum Haus ihres Bruders. Und wie soll die Geschichte aufhören? Bei mir läuft der Wolf weg in den Wald, aber in den meisten Büchern wird er in siedend heißem Wasser gekocht.«

»Im Kamin«, ergänzt Jason. Er hat sich noch nie so engagiert an einem Gruppengespräch beteiligt.
»Ja, er wird gekocht!« Alle scheinen sich einig zu sein.
»Also gut. Wer ist der Wolf?« frage ich.
Niemand hebt die Hand. Wäre der Wolf in der Geschichte eines Kindes vorgekommen, hätten sich bestimmt mehrere für die Rolle gemeldet. Aber bei einer von Erwachsenen erfundenen Geschichte begegnen die Kinder diesem Part mit Mißtrauen.
»Tja — wir brauchen aber einen Wolf.«
»Ich bin der Wolf, wenn er wegläuft«, erklärt sich Alex bereit.
»Sollen wir den Wolf dann weglaufen lassen?« erkundige ich mich. Keine Einwände. Also fangen wir an.
Durch Diskussionen und die dramatische Umsetzung auf der Bühne haben die Kinder »Die drei kleinen Schweinchen« in den Griff bekommen, und das geht auch an Jason nicht spurlos vorüber. Am nächsten Morgen will er wissen, ob Arlene einen Wolf in ihrer Geschichte hat.
»Kommt ein großer böser Wolf vor?« fragt er sie.
»Kann sein«, erwidert Arlene.

Es war einmal, da kamen eine Mama und ein Papa. Und dann kam ein Bruder und ein kleines Mädchen. Die Mama hatte ein Schwert. Dann hat der Papa gesagt: »Warum hast du ein Schwert?« — »Weil in meiner Geschichte ein Wolf vorkommt.« Und dann gehen sie alle schlafen.

Arlene hat die ganze Zeit über Jason angesehen. »Möchtest du der Wolf sein, Jason?«
»Wird er gekocht?«
»Er ist weggerannt, als er das Schwert gesehen hat.«
»Okay.« Jason ist einverstanden, aber im Geschichtenzimmer

überlegt er es sich anders. Bei jeder Geschichte, die noch einmal vorgelesen wird, damit wir sie danach spielen, fragt er den Verfasser, ob ein Wolf vorkommt.

Jason lernt nicht langsam, er erforscht alles nur sehr gründlich. Zu jeder neuen Idee sammelt er erst einmal Daten über die Ergebnisse ihrer Anwendung, bis er befriedigt feststellt, daß er sämtliche Antworten und Reaktionen kennt, die sie bei der Außenwelt hervorrufen könnte. Er erwartet Fehler und möchte, daß sie in seinem eigenen System, das er unter Kontrolle hat, auftreten.
Zur Zeit gibt es eine ganze Reihe von Ideen, an denen Jason arbeitet. Er hat sein Thema vom Kaputtgehen und Reparieren um einige Elemente erweitert: ein verlorengegangenes und wiedergefundenes Kätzchen, ein verschlossenes und ein offenes Haus und gelegentlich ein Eichhörnchen oder ein Baby. Mit seinen endlosen Wiederholungen prüft er, wie die Spieler mit ihrer Phantasie umgehen und es sich erlauben können, die Rollen zu wechseln und zwischen verschiedenen Perspektiven zu wechseln. Dabei fungiert Samantha immer wieder als Antrieb und als Korrektiv.
»Das ist mein Zweisitzer«, erzählt Jason Samantha.
»Darf ich die Mutterfahrerin sein?«
»Das geht nicht. Du bist das kleine Kätzchen.«
»Nein, bin ich nicht. Ich bin die Hundemutter. Du bist das kleine Babyhündchen, Jason.«
»Sieh dir den Ventilatorriemen an. Er ist kaputt. Ich muß ihn reparieren.«
»Jason! Nein! Wir sind kleine Hunde. Du bist jetzt nur ein Hund. Ich seh' mir den Riemen später an. Komm, du bist nicht wirklich ein Hundebaby, du spielst es nur. Jason, hör doch auf, daran zu drehen. Du bist eigentlich wirklich ein

Hubschrauber, aber du *tust so*, als wärst du ein Baby, okay, Jason, okay?«
Jason hat Samantha die ganze Zeit angestarrt, den Daumen im Mund, und seine Augen wurden immer größer.
»Also, also?« Samantha ist sauer auf ihren Freund. »Komm, Jason, oder ich spiel' *nie mehr* mit dir. Ich seh' mir später den Riemen dann *zehnmal* an.«
Jason lacht und erwidert: »Wauwau!«
»Gut. Hier ist deine Flasche, kleines Hündchen. Mach deinen Fuß so. Du könntest noch nicht laufen, und ich müßte es dir zeigen. Komm, kleines Hündchen, deine Mutter bringt dich in die Hundeschule, damit du groß werden kannst.«

Samanthas Erklärung: »Du bist eigentlich wirklich ein Hubschrauber, aber du tust so, als wärst du ein Baby« könnte nie von einem Lehrer verwendet werden. So etwas kann nur ein anderes Kind sagen, weil die Aussage im Rahmen der kindlichen Phantasie bleiben muß. Wenn ein Kind so spricht, heißt das: »Du tust eigentlich so, als wärst du ein Hubschrauber, aber im Augenblick tut der Hubschrauber so, als wäre er ein Baby.«
Wenn ich zu Jason sagen würde, er sei eigentlich ein Hubschrauber, würde ihn das durcheinanderbringen; er muß sich darauf verlassen können, daß die Erwachsenen wissen, er ist ein Junge. Aber als ich einmal zu ihm sagte: »Ich weiß, du tust so, als wärst du ein Hubschrauber«, schrie er mich wütend an: »Ich *bin* ein Hubschrauber!« Die Sichtweise des Erwachsenen und die des Kindes können sich hier nicht wirklich treffen. Wenn Samantha zu ihm sagt, er sei irgend etwas oder er würde irgend etwas spielen, weiß er, daß sie seine Persona auf derselben Ebene akzeptiert wie er selbst, ohne daß sie damit seine innere oder äußere Position verändert.

Dieses kurze Gespräch zwischen zwei kleinen Kindern weist auf verschiedene Punkte hin, die für das Unterrichten von entscheidender Bedeutung sind, und zwar bei allen Altersstufen. Kinder sind am ehesten fähig, voneinander zu lernen, wenn man ihnen die Möglichkeit gibt, sich gegenseitig sozial und spielerisch zu beeinflussen.

Samantha zeigt Jason voll Eifer, wie er sich zwischen zwei Positionen hin und her bewegen kann, das heißt, wie er einen anderen Blickwinkel ausprobieren kann. Wenn sie älter sind, werden sie einander beibringen, wie man andere Perspektiven wechselt: von der Vergangenheit zur Gegenwart, von einem mathematischen System zum anderen, von einem Fach oder Thema zum nächsten. Wo es darum geht, Einstellungen und Wahrnehmungen zu verändern, ist es gut, wenn Lehrender und Lernender von ähnlichen Prämissen ausgehen.

Natürlich sind die Prämissen nicht das einzige, was man über den Lernenden wissen muß. Da gibt es auch noch den *Stil* — ein Faktor, der häufig übersehen wird. Jason etwa braucht für einen einzigen Punkt viele Beispiele, während Joseph alles auf einmal überblicken und erfassen möchte — um dann die Lücken aufzufüllen, wenn ihn niemand beobachtet.

Jason erinnert mich übrigens an Fritz, den Studenten, der vor langer Zeit bei mir hospitierte. Er ging von einer Gruppe zur anderen, um im Rahmen seiner Dissertation einer einzigen Frage nachzugehen: Welches Verhältnis besteht zwischen der Lehrerwahrnehmung eines Störenfrieds und der Realität? Tag für Tag beobachtete Fritz Charles und meine Reaktion auf Charles, bis er uns unter allen möglichen Bedingungen erlebt hatte.

Jason geht genauso vor, obwohl er kein unparteiischer Beobachter ist. Er flog mit seinem Hubschrauber in die Geschichten der Kinder hinein und erlebte ihre stets negativen Reaktio-

nen. Inzwischen sind manche seiner Ideen, die oft genug wiederholt wurden, zu vertrauten Spielen geworden.
Das »Simon ist draußen vor dem Fenster«-Forschungsprojekt ist ein gutes Beispiel dafür. »Ich sehe Simon draußen vor dem Fenster«, sagt Jason immer noch mindestens einmal in der Woche, aber Simons anfänglich verärgerte Reaktion hat sich in Belustigung verwandelt.
»Ja, ich sitze auf einem Baum.«
»Ich sehe Simon draußen auf einem Baum.«
»Ja, ich fliege in den Himmel hinauf.«
»Ich sehe Simon im Himmel.«
»Ja, ich bin auf dem Mond. Ich bin der Typ auf dem Mond.«
»Mondmann, Mondmann!«
Simon findet es lustig, deshalb sieht Jason jetzt auch noch ein Eichhörnchen draußen vor dem Fenster; die Kinder ärgern sich über Jason, also fliegt er nicht mehr in ihre Geschichten.
Im Gegensatz zu Fritz, der seine Zielsetzung bekanntgibt, ehe er mit seinem Projekt beginnt, erkennt Jason das Ziel erst nach den vollendeten Tatsachen. Seine Frage: »Hast du einen Hubschrauber?« ist nicht so einfach wie die von Fritz: »Wer ist Ihrer Meinung nach das schwierigste Kind in der Gruppe?«
Beide Fragen sind jedoch ehrliche Versuche, die Vorgänge im Klassenzimmer zu erforschen, und beide Fragesteller sind voller Enthusiasmus dabei, in Gebiete vorzudringen, die sie nicht kennen. Fritz konnte es immer kaum erwarten, mir mitzuteilen, was er in meinem Klassenzimmer herausgefunden hatte, und Jason fängt nun genauso an. »Hör zu!« sagt er zu mir. »Ich habe zu Simon gesagt, er ist draußen vor dem Fenster, und dann ist er auf den Mond geflogen.«
»Jedesmal, wenn du zu ihm sagst, er ist draußen vor dem Fenster, erfindet er eine neue Geschichte.«

»Ich sehe Simon draußen auf einem Baum!« verkündet Jason ausgelassen.
»Du kannst mich nicht sehen, Jason, weil mein Eichhörnchenbau unsichtbar ist.« Die Jungen finden Simons Reaktion unglaublich witzig, so wie Fritz und ich uns über manche von Charles' Erfindungen köstlich amüsieren konnten. Sowohl Fritz als auch Jason haben mir beigebracht, das Klassenzimmer menschlicher zu sehen, und es gibt wenige Verhaltensweisen, die menschlicher sind als Lachen und Erfinden.

* * *

»Guck mal.« Jason zeigt mir eine Konstruktion, die er aus Legosteinen zusammengesetzt hat. »Hier, das habe ich gebaut. Es ist so 'ne Art Flugzeug, das geht hier hoch, guck mal, wie weit. Dann muß ich es wieder neu bauen.«
»Es macht dir, glaube ich, mehr Spaß, dein eigenes Flugzeug zu bauen, als wenn du eines aus dem Laden hast.«
»Warum?«
»Dann kannst du es auseinandernehmen und wieder zusammenbauen.«
»Ich nehme es richtig auseinander.«
»Ja, nicht nur im Spiel. Du nimmst es richtig auseinander.«
»Im Spiel« oder »So tun, als ob« gehört zu den Themen, die Jason zur Zeit beschäftigen. Kein einfaches Thema. Hier nimmt er etwas auseinander, bei dem er nur so tut, als wäre es ein Flugzeug, aber er bezeichnet es als wirkliches Flugzeug. Als er mittags darauf wartet, abgeholt zu werden, zeigt sich, wie tiefgreifend seine Probleme mit Phantasie und Wirklichkeit sind. Wir warten zusammen auf der Vordertreppe, und Alex setzt sich aus Versehen auf Jasons Füße. »Er tut so, als würde er auf meinen Füßen sitzen«, ruft Jason.

Alex ist überrascht. »Nein, ich tu' nicht so. Ich sitze wirklich auf deinen Füßen.«
»Wirklich?«
»Aber es war aus Versehen.«
»Oh.«
Jason verwendet den Ausdruck »So tun, als ob« auf so ungewohnte Art, daß es selbst einem anderen Kind seltsam vorkommt. War das einfach ein Irrtum, ein Versprecher, oder ist es ein Zeichen für eine tiefergehende Verwirrung?
Könnte es sein, daß Jason denkt, wenn man so tut als ob, dann passiert es versehentlich tatsächlich? Das sind Gedankenverbindungen, die nicht gelehrt werden können, aber Szenen wie die folgende, die sich wenige Meter vom Hubschrauberlandeplatz entfernt abspielte, liefern genügend Material, um das Problem näher zu beleuchten.
»Du wärst das Kleine-Bruder-Flugzeug«, schlägt Simon vor. »Und ich bin der Papa. Du mußt sagen, du hast Angst.«
»Ich habe Angst, Papa«, erwidert Joseph.
»Keine Sorge, Kleines-Bruder-Flugzeug, du fällst schon nicht runter. Ich schließe zwei Türen ab. Sieh dir die Tür an. Das ist der Ausgang. Du kannst nicht rausfallen. Flieg noch höher.«
Joseph ist anscheinend gleichzeitig das Kleine-Bruder-Flugzeug *und* der kleine Bruder im Flugzeug. Wenn die Tür verriegelt wird, ist dafür gesorgt, daß weder der Bruder noch das kleine Flugzeug herausfallen können. Für mich klingt das alles sehr kompliziert, nicht jedoch für Joseph und Simon, deren Spiel oft auf mehreren Ebenen gleichzeitig stattfindet.
Aber wenn Jason ein Kind ist, das jede neue Erfahrung nur teelöffelweise aufnimmt, dann blockiert ihn vielleicht gerade die Vielfalt des Spiels um ihn herum. Sein eigenes Spiel — jedenfalls der Teil, den wir mitbekommen — ist vergleichsweise eintönig. Wenn ihm ein Kleine-Schwester-Hubschrauber in den

Sinn käme, würde vielleicht schon das Bemühen, dieses unerwünschte Bild in Schach zu halten, Jason daran hindern, die Türen zu seinem Spiel zu öffnen.

Läßt er sich erst einmal auf das Phantasiespiel anderer Kinder wirklich ein, dann kann alles mögliche, was jetzt verborgen ist, an die Oberfläche kommen. Wenn »So tun, als ob« dazu führt, daß etwas »aus Versehen« geschieht — wie kann man da noch voraussagen, was alles passieren könnte? Hat Alex Jasons Füße wirklich nicht gesehen? Hat er so getan, als würde er auf Jasons Füßen sitzen, und deshalb ist es dann geschehen?

In gewisser Weise stimmt es, daß »So tun, als ob« zu Unfällen führt. Wir haben alle schon die Erfahrung gemacht, daß in Augenblicken, in denen wir unserer Phantasie freien Lauf lassen, plötzlich längst vergessene und unerwünschte Erinnerungen auftauchen. Das muß auch bei Jason so sein, und deshalb ist er vorsichtig; er hat gute Gründe zu glauben, daß beim spontanen Spiel solche »Unfälle« mit größerer Wahrscheinlichkeit auftreten.

Ich will nicht zuviel in einen einzelnen Vorfall hineininterpretieren. Im Grunde mache ich dabei allerdings nichts anderes als Jason. Er nimmt Irrtümer ernst. Er hüllt sich in eine einzige Phantasievorstellung ein, lernt alle ihre Fallstricke kennen und meidet alle außerplanmäßigen Phantasien, bei denen Fehler oder Unfälle vorkommen könnten. Er übt Fehler — vielleicht um sie schneller erkennen zu können, wenn sie ihm über den Weg laufen. Ich nenne meine analytischen Übungen »unterrichten«, Jason nennt die seinen »spielen«.

Während meine Überlegungen mich von einer Rationalisierung zur nächsten führen, folgen die Kinder ihrem Instinkt und interpretieren dieselben Ereignisse mit dramatischen Mitteln. Ihre Gruppenphantasie ist eine Podiumsdiskussion in Geschichtenform.

»Die Zugbrücke öffnet sich!« ruft Simon.
»Beeil dich! Der Flughafen macht zu«, antwortet Joseph.
»Wir spielen, die Zugbrücke würde nicht aufgehen. He, Jason, mach so eine Zugbrücke wie wir, dann spielen wir, unsere würde klemmen, und wir fliegen herum, und dann sehen wir deine, okay?«
»Ich hab' keine Zugbrücke.«
»Dann kannst du die Bösen nicht abwehren, haha.«
»Selber haha!« mischt sich Samantha ein. »Jason hat keine Bösen.«
»Aber manchmal bin ich der Böse, Samantha«, erklärt Jason.
»Als die Lehrerin dich da drüben eingesperrt hat?«
»Ja, und dann hat Joseph den Schlüssel gefunden«, erinnert sich Jason voller Begeisterung. »Und manchmal mache ich böse Abstürze.«
»Und dann reparierst du es wieder, stimmt's?«
Es wäre nutzlos, wenn ich die Kinder darauf hinweisen würde, daß ich niemanden eingesperrt habe, denn sie nehmen dieses Beispiel, um daran »gut« und »böse« zu diskutieren. Jason und sein Helikopter sind gut *und* böse zugleich und schaffen Szenen, die ihnen aus verzweifelten Situationen heraushelfen.
Und welche Rolle bekomme ich? Na ja — wenn ich in die Phantasie eines Kindes hineinplatze und behaupte, alles sei falsch, dann muß ich der böse Wolf sein oder eine Hexe.
»Kinder, Kinder! Was habt ihr denn da angestellt!« Die Puppenecke sieht aus wie nach einem Wirbelsturm, überall liegen Verkleidungssachen und Kissen herum. »Und wir haben gerade eben erst alles aufgeräumt. Helft mir jetzt *bitte*, die ganzen Sachen wieder aufzuhängen!«
»Wir haben die Einbrecher erstickt«, erklärt Joseph.
»Aber ihr habt ein Riesendurcheinander für die Lehrer hinterlas-

sen.« Den Gesichtern der Kinder nach zu urteilen, ist meine Mißbilligung womöglich schlimmer als der Pausenstuhl.
Flüsternd halten die Kinder eine Konferenz ab, danach herrscht kurzes Schweigen, und als ich außer Hörweite zu sein scheine, sagt Simon: »Guck mal da im Bad. Eine blaue Hexe mit grauen Haaren.«
»Ein graues Monster! Sie kann in ihrem Mund Feuer machen!«
»Paß auf! Sie beobachtet uns.«
Ich tue so, als hätte ich nichts gehört, und rufe: »Hört mal, Kinder, ich könnte hier etwas Hilfe gebrauchen, wenn ihr Zeit habt. Ich habe Farbe auf die Waschbecken verspritzt. Wie wär's — ich helfe euch da drinnen, und dann könnt ihr mir hier mit den Bürsten helfen?«
Simon umarmt mich, als ich hereinkomme, und da sie sehen, daß ich die Umarmung erwidere, kommen Joseph und Edward angerannt, um mich ebenfalls in die Arme zu schließen. Es gibt wirklich kein schöneres Gefühl, als jemandem aus der Klemme zu helfen.
Aber manchmal ist das gar nicht so einfach. »Du blockierst beide Türen, Jason«, rufe ich ihm später vom Geschichtentisch aus zu. »Niemand kann raus auf den Flur.« Unser Klassenzimmer, das aus mehreren Schlafzimmern eines alten Wohnhauses geschaffen wurde, hat zwei Türen, die nebeneinander liegen.
»Wir haben eine Regel, Jason. Niemand darf beide Türen gleichzeitig verbauen.«
»Sag das nicht zu mir!« schreit Jason wütend.
»Ich muß dir aber die Regel sagen.«
Er hört nicht auf, in beiden Eingängen Klötze aufzutürmen.
»Komm ja nicht wieder und sag es noch mal.«
»Jason, du kannst nicht beide Türen verbauen. Überleg dir, welche Tür dir besser gefällt. Ich helf' dir dann, die anderen Klötze rüberzuschieben.«

»Nein, nein!« Er ist nun wirklich aufgebracht. »Klötze umschmeißen! Ich schmeiße alle Klötze um!«
»Wirf sie nicht um. Du tust sonst noch jemandem weh.«
»Das wäre ganz schrecklich!« brüllt er. »Schrecklich, schrecklich, schrecklich, wenn ich das Haus umwerfe.«
»Tu's bitte nicht.«
Jason steht da und weint still vor sich hin. »Ich höre auf zu weinen. Ich mache eine Tür auf, ganz auf. Ich schmeiße die Klötze nicht um.« Er sagt das alles in gekünsteltem Ton, als würde er sich selbst gut zureden.
Ich lege den Arm um ihn. »Danke, Jason. Das ist eine große Hilfe.«
Jason schaut mich an und wischt sich die Augen. »Wenn du hier durchgehst, stürzt das ganze Schulhaus ein.«
»Echt oder im Spiel?«
»Ein Schulhaus im Spiel«, erwidert er.

Jason spricht mit seinen winzigen Legomännchen und läßt dabei jede Figur einen Plastikbaum umstoßen. »Nein, laß das! Guck mal, die werfen die ganzen Bäume um. Ich habe ihnen gesagt, sie sollen nur sieben umwerfen. Sind sie nicht böse?«
Man könnte die These vertreten, daß Jason schlicht ein sehr kindliches Verhalten demonstriert, auf dem Niveau eines Zweijährigen, der elterliche Verbote ausagiert. »Unreif« ist das häufigste negative Etikett im Schulbetrieb.
Mir erscheinen solche Kategorien nutzlos. Ein Kind befindet sich immer auf einem ganz bestimmten komplexen Niveau seiner Entwicklung; wie Jason wendet jeder bei allem, was er tut, Techniken aus der Vergangenheit an, um etwas zu begreifen und um Wege zu finden, sicher in der Gegenwart zu leben.

* * *

Wenn erst einmal Veränderungen zu beobachten sind, gehen sie meistens schnell voran. Das Kind macht Riesenschritte und erweitert seinen Horizont in alle möglichen Richtungen, nach einem geheimnisvollen Plan, den niemand voraussehen kann. In einer Woche im April ist Jason am Montag ein »Mädchen-Baby-Flugzeug«, am Dienstag ein »kleinerer Mensch«, der Ostereier sucht, ein »Morgen-Nacht-Junge« am Mittwoch, ein wütender »Kämpfer« am Donnerstag, und am Freitag schließlich findet er eine erstaunliche neue Rolle für seinen Hubschrauber, bei der es mir vor Bewunderung und Erstaunen fast den Atem verschlägt.

Montag

Jason nimmt in seine Geschichte ein Mädchen-Baby und ein Monster auf:

Das Flugzeug dreht sich. Das Flugzeug hört auf. Jetzt kommt die Nase nicht nach oben, nur die Räder gehen nach unten.

Bis dahin klingt seine Geschichte nicht anders als alle bisherigen auch. Er greift nach einem Stapel Papier, und da ich annehme, daß die Geschichte zu Ende ist, sage ich zu Lilly, sie sei nun an der Reihe.
»Ich bin noch nicht fertig«, sagt Jason.

Da ist ein Mädchen-Baby-Flugzeug, das sich nicht dreht. Ende. Nein, nicht Ende. Und ein Monster. Ende.

Jason ist das Mädchen-Baby-Flugzeug, als wir seine Geschichte spielen. Er liegt mit dem Gesicht nach unten auf dem Teppich, die Arme von sich gestreckt, ohne sich zu drehen. Simon läuft als Flugzeug brummend durch das Zimmer, und Lilly, das Monster, gibt ein leises Knurren von sich. Ehe die Geschichte zu Ende ist, ruht der Daumen des einen Flügels des Mädchen-Baby-Flugzeugs schon sicher in seinem Mund.

Dienstag

»Das ist dein Bett, Samantha. Ich habe dir ein Bett gemacht, und jetzt mache ich eins für mich.«
»Deines ist zu kurz, Jason. Mach es länger, so wie meines.«
»Ich spiele, ich wäre ein kleinerer Mensch.«
»Du bist größer geworden, Jason. Du brauchst jetzt ein größeres Bett.«
»Nein, ich bin ein kleinerer Mensch, und am Morgen such' ich im ganzen Haus nach Ostereiern.«
Samantha findet Jasons Idee gut. »Ja, am nächsten Tag ist Ostern, und der Hase bringt dir ein Ei, wenn die Nacht vorbei ist.«

Mittwoch

Wir sind droben im Kletterraum, da hat Jason den bisher schlimmsten Wutanfall in diesem Jahr. Er steht oben auf einer Leiter des Klettergerüsts und will nicht, daß sonst noch jemand heraufkommt. Er schreit Vinnie an, sie solle runtergehen.
»Sie muß nicht runter, Jason. Es ist Platz genug für mehrere Kinder.«
»Sag das nicht zu mir. Schubs sie runter, schubs *mich* runter!«
Er wirft sich auf die Matratze und schlägt immer wieder mit dem Kopf auf den Boden.
»Hör auf, Jason. Mach das nicht. Du tust dir noch weh.«

»Sarah macht das auch. Ihr Babysitter läßt sie das tun.«
»Ich erlaube es dir aber nicht. Und hör auf zu schreien. Sieh dir Vinnie an. Du machst ihr angst.«
Jason ist außer sich. »Meine Lehrerin läßt mich nicht...« Plötzlich unterbricht er sich. Aus dem anderen Zimmer hört er »Nacht—Morgen, Nacht—Morgen.« Nur diese Wörter, aber sie versetzen ihn in Erstaunen. Er steht auf und geht zur Tür.
»Nacht«, ruft Eli.
»Morgen«, erwidert Lilly.
»Nein, wir haben ja noch gar nicht geschlafen. Es ist noch ein bißchen länger Nacht.«
»Der Morgen kommt. Er kommt. Der Morgen! Er ist gekommen.« Alle springen auf und rennen herum, bis wieder jemand »Nacht!« ruft.
»Ich bin auch ein Morgen-Nacht-Junge«, verkündet Jason und legt sich wie die anderen auf zwei umgedrehte Flaschenkisten.
»Immer noch Nacht. Immer noch Nacht.«
»Der Morgen kommt. Er kommt, er kommt, er kommt, er ist da!«
Jason sieht jetzt ganz anders aus. Der bekümmerte Ausdruck auf seinem Gesicht ist einer stillen Zufriedenheit gewichen. Irgend etwas in diesem Nacht-Morgen-Spiel hat seine Ängste vertrieben und in ihm das Gefühl geweckt, daß ein neuer, verheißungsvoller Tag für ihn anbricht.

Donnerstag

»Ich kämpfe mit allen hier«, ruft Jason, als er die Bauklotzecke betritt. Er wirbelt mit den Armen durch die Luft und wirft dabei beinahe Iras Bauwerk um.
»Hör auf, Jason. Kämpfe woanders«, sagt Ira.

»Ich will aber kämpfen!«
»Miau, miau, miau«, schnurrt Samantha, bereit, Kätzchen zu spielen.
»Ich kämpfe, Samantha.«
»Nicht hier, Jason!« fährt ihn Joseph an. »Kämpf doch auf dem Mond.«
»Ich bin wütend, und ich kämpfe!« Diesmal wirft er einen von Iras Klötzen herunter.
»Guck, was er macht!« ruft Ira mich um Hilfe.
»Ich bin jemand, der kämpft«, schreit Jason mit tränenüberströmtem Gesicht. »Ich *tu so*, als wäre ich wütend!«
»Oh, du tust so«, sage ich und streiche ihm übers Haar. »Komm, ich lege dir einen kalten Waschlappen aufs Gesicht. Du bist ja ganz heiß.«
»Ich bin nicht krank!«
»Ich weiß. Aber wenn man so tut, als wäre man wütend, wird einem manchmal heiß. Komm, wir gehen dich abkühlen und abtrocknen.« Jasons Hand liegt ganz schlaff in der meinen.
»Erst abkühlen, dann abtrocknen«, sage ich leise.
»Abkühlen und abtrocknen«, wiederholt Jason.
Im Bad spielen wir unser Mutter-Kind-Spiel. Auch das ist Teil des Unterrichtens. Als Jason sich beruhigt hat, schaukeln wir eine Weile in dem großen Stuhl, und ich singe eines der Mondlieder, an die ich mich noch aus meiner Pfadfinderzeit erinnere. Danach sagt Jason, er wolle jetzt eine Geschichte erzählen.

Der Osterhase kommt und bringt ein Flugzeug, das sich dreht. So nenne ich manchmal einen Hubschrauber. Ein Flugzeug, das sich dreht. Und der Osterhase kommt in das Haus eines Mädchens und bringt dem Mädchen ein Flugzeug, das sich dreht. Und das Mädchen wacht morgens auf nach der Nacht, und sie sieht das

Flugzeug, das sich dreht. Und Samantha ist das Mädchen. Und ich bin der Osterhase, und ich bin auch das Flugzeug, das sich dreht. Ende.

Freitag

»Möchtest du spielen, Jason?« fragt Samantha.
»Ja. Du sitzt da. Ich habe einen Zweisitzer gemacht. Warte, einen Dreisitzer. Er braucht noch einen Sitz.«
»Warum?«
»Weil ich jemand von der Schule abhole. Weil keiner kommt und sie abholt und nach Hause bringt. Sie halten sich alle an den Händen. Ein Kind hält das andere Kind an der Hand.«
»Und ich wäre die Mama, okay?«
»Ja, und wenn ich aus der Schule komme, dann komme ich und hole sie alle mit meinem Flugzeug ab. Niemand, nein, warte, du sitzt draußen auf der Terrasse. Der Propeller dreht sich nicht mehr. Das ist vorne, und das ist hinten.«
»Steig' ich jetzt ein?« fragt Samantha.
»Ja, jetzt steig ein. Du würdest ein Kind an der Hand halten. Jetzt fliege ich dich nach Haus, du gehst also nicht zu Fuß heim.«
»Ich bin das Kind, Jason, okay?« fragt Simon von seinem Eichhörnchenbau aus.
»Ja, du bist das Kind. Du hältst deine Mutter an der Hand. Ich fliege euch nach Hause.«

In den vergangenen Monaten habe ich mir immer wieder gesagt: Jetzt fängt für Jason die Schule eigentlich erst richtig an. Aber die Szene, die ich gerade beobachtet habe, ist ganz bestimmt der Anfang — oder ist sie eher der Höhepunkt?
Jason hat endlich eine Form gefunden, seinen wertvollsten Be-

sitz und seine persönliche Phantasievorstellung so einzusetzen, daß er mit anderen spielen kann. Er ist, im wahrsten Sinn des Wortes, »nach Hause« gekommen. Das heißt, die Schule fühlt sich für ihn an wie zu Hause. Er kann jetzt frei atmen und die Tür seines Hubschrauberhauses für andere öffnen.
Die Vorstellung von einem »Durchbruch« stammt jedoch von mir, nicht von Jason. Diese »Augenblicke der Wahrheit« veranschaulichen und erhellen mir die Rolle, die ich selbst als Lehrerin spiele, und helfen mir, mich auf ein bestimmtes Kind innerhalb der Gruppe zu konzentrieren.
Die Kinder machen dasselbe beim Spielen: Sie verkünden ihren Durchbruch als neue Idee in einer Geschichte. Aber Geschichtenerzähler bewegen sich nicht immer in die gleiche Richtung; manchmal gehen sie rückwärts, um einen bestimmten Punkt zu überprüfen oder um ein altes Thema noch einmal aufzugreifen.
»Spiel, du wärst das winzige kleine Hündchen, Jason.«
»Ich kann nicht, Samantha. Mein Zweisitzer ist kaputt. Jetzt sehe ich nur einen Sitz. Wenn ich es repariert habe, ist es ein Dreisitzer.«
»Spielst du nicht mit mir?«
»Nein, ich muß den Sitz im Hubschrauber reparieren. Den Dreisitzer.«
Das ist Jasons — sehr vorsichtige — Art zu lernen, und man darf nicht den Fehler machen, es als »Nicht-Lernen« zu sehen. Die Geschichten haben ihm geholfen, Momente des Zweifels zu ertragen, weil die Kontrollinstanzen genau definiert sind: Autor, Lehrerin, Papier, Bühne und ein zuverlässiger Rahmen, der die Verhaltensweise jedes Teilnehmers bestimmt. Es gibt zwar Überraschungen, aber sie sind letztlich theoretischer Natur. Es ist eine intellektuelle Aktivität auf höchstem Niveau und für Jason, den umsichtigen Forscher, der die Auswirkun-

gen immer nur *eines* Ereignisses untersucht und weiterverfolgt, bestens geeignet.

Beim Spiel muß Jason vorsichtiger sein. Als sein Hubschrauber schließlich aus seiner Garage herauskommt, überträgt Jason ihm eine einzige Aufgabe: eine Mutter und ein Kind von der Schule nach Hause zu bringen. Sie treffen unterwegs auf keine Monster, und das Kind geht nicht verloren. Es ist ein sicheres Spiel, so wie das Nacht-Morgen-Spiel, das Jason ebenfalls sehr genau entsprach, obwohl er es nicht erfunden hatte. Als er die Logik des Spiels und seiner Grenzen begriff, war er unendlich dankbar. Es war gleichgültig, wer sich diesem Spiel anschloß — das Muster blieb immer das gleiche.

Ich darf aber über der Einfachheit des Nacht-Morgen-Spiels nicht die zugrundeliegende Thematik von Angst und Erlösung vergessen. Und ich kann mich auch den Implikationen nicht verschließen, die all die eingesperrten, gefangenen, gefesselten und verlorengegangenen Kreaturen bedeuten, die das Denken unserer jungen Dramatiker beherrschen. Welche Urangst steht dahinter? Wer oder was ist es, von dem sie eingesperrt werden, wonach sucht das Kind, das sich verirrt hat?

Jason enthüllt vielleicht den größten Teil der Geschichte. In seinem Phantasiespiel ist niemand gekommen, um das Kind von der Schule nach Hause zu bringen; *das Kind hat sich in der Schule verirrt, es ist dort verlorengegangen*. Die größte Angst, so erzählt uns Jason, ist die Verlustangst.

Wenn er recht hat, dann haben wir neben allem anderen, was wir erreichen wollen, eine ungeheure Verantwortung: Wir müssen uns der fundamentalen Einsamkeit jedes Kindes bewußt sein. Unsere Klassenzimmer müssen in allen Altersstufen an glückliche Familien und an ein Zuhause voll Geborgenheit erinnern, wo alle Familienmitglieder ihre ureigenen Ge-

schichten erzählen können, in dem sicheren Wissen, daß man ihnen voller Zuneigung und Respekt zuhört.
Wie immer schließe ich das Schuljahr mit mehr Fragen als Antworten ab. Jason, allein in seiner Hubschraubergarage, ist für mich ein Symbol des Kindes geworden — mit seinem Gefühl, im Klassenzimmer einsam und unverstanden zu sein. Wir wissen alle, daß wir einmalig sind; niemand ist genauso wie du oder ich. Der Schlüssel zu jedem von uns ist irgendwo da draußen. Wer wird ihn finden?

Neue Fragen

»Stellst du jetzt gute Fragen oder böse Fragen?«
»Was sind böse Fragen, Joseph?«
»Ob jemand etwas genommen hat oder etwas Böses getan hat.«
»Welche gefallen dir besser?«
»Die guten. Die von der netten Sorte.«
Ich habe gerade auf Josephs Bitte wieder einmal die Geschichte von den drei kleinen Schweinchen vorgelesen, und ich bin erstaunt. Joseph ist nicht selten abgeneigt, ein glückliches Ende zu vereiteln, und seine eigenen Spiele und Geschichten strotzen geradezu von üblen Gestalten. Und trotzdem macht er sich jetzt wegen meiner Fragen Sorgen. Hat er mitbekommen, wie zwiespältig meine Einstellung zu Märchen ist?
Samantha versteht, was Joseph meint. »Er will nicht die gemeine Art. Und Jason mag die auch nicht, stimmt's, Jason?«
Jason schüttelt den Kopf, aber es ist eine unbestreitbare Tatsache, daß er sich das erstemal an einer richtigen Diskussion beteiligt hat, als man die Frage sehr wohl zu der »bösen« Sorte zählen konnte: Wußte das Mutterschwein, daß ein Wolf im Wald war?

»Ich bin mir nicht sicher, ob ich weiß, welches die bösen Fragen sind, Joseph. Letzte Woche, als ich gefragt habe, ob die Königin ihr Baby dem Rumpelstilzchen hätte geben sollen, wo sie es doch versprochen hatte, war das eine böse Frage?«
»Böse, böse, böse.«
»Obwohl sich alle darum gerissen haben, darauf zu antworten? Und alle waren der gleichen Meinung: Sie hatte recht damit, das Baby zu behalten.«

»Weil sie sich schon daran gewöhnt hatte«, sagt Arlene und wiederholt damit ihre damalige Antwort.
»Und ich erinnere mich, Joseph, daß du gesagt hast, Rumpelstilzchen hätte gar nicht verlangen dürfen, daß die Königin ihm das Baby gibt, das sei schon böse gewesen.«
»Es war *böse*, deshalb ist es eine böse Frage.«
»Ja, dann verstehe ich. Nun, heute ist das egal, denn wir haben gar keine Zeit für Fragen; und außerdem hatten wir auch schon zwei Diskussionen über die drei kleinen Schweinchen.«
»Weißt du noch, ich habe gesagt, wie sie den Wolf hätte reinlegen können?«
»Ja, ich erinnere mich. Joseph hat damals gesagt, die Mutter wollte, daß ihre Kinder fliehen, bevor der Wolf kommt. Übrigens, als ich gefragt habe, ob das Mamaschwein die Kinder vermißt, war das eigentlich eine gute oder eine böse Frage?«
»Das war wirklich eine gute, Joseph«, entscheidet Samantha. »Weil sie sie wirklich vermißt.«

Gail und Trish sind genauso neugierig wie ich, als es um die bösen Fragen geht. »Ist das eine neue Kategorie?« fragt Gail.
»Sie hat nicht gesagt, die Frage sei böse«, erinnert sich Trish. »Aber Arlene wollte nicht über das Monster in ihrer ›Was ist los Baby‹-Geschichte ausgefragt werden. Das Monster durfte doch sogar nicht einmal auf die Bühne, oder?«
»Stimmt. In der Geschichte sollte es nicht um einen Traum gehen. Vielleicht erinnern die Märchen die Kinder an ihre Alpträume?«
»Oder vielleicht kriegen sie von den Märchen Alpträume?« überlegt Gail. »Babys, die ausgesetzt werden; Stiefmütter, die ihre Kinder nicht leiden können...«
»Kleine Schweinchen allein im Wald, böse Wölfe und lauter solche Sachen.«

»Übrigens, Vivian, da wir uns gerade über Fragen unterhalten, uns ist da etwas aufgefallen. Bei den Märchen stellst immer noch *du* die meisten Fragen, ist dir das aufgefallen? Die Kinder stellen bei allen anderen Büchern Fragen, und sie fragen sich natürlich auch gegenseitig beim Geschichtenerzählen, aber bei Märchen...«
»Sage ich nicht normalerweise, ›wenn ich dieses Märchen erzählt habe, will ich euch ein paar Sachen fragen?‹ Das sage ich nie, wenn ich ein normales Bilderbuch vorlese. Außerdem *erzähle* ich die Geschichte, ich lese sie nicht vor, vielleicht ist auch das ein Faktor?«

Die Beobachtungen meiner beiden Assistentinnen werden am folgenden Tag bestätigt. Als Edward eine Geschichte diktiert, wird er so oft von Eli mit Zwischenfragen unterbrochen, daß mir nichts mehr zu fragen übrigbleibt.
»Dann ist der Feind gekommen«, sagt Edward, »und der Feind hat den Drachen bekämpft.«
»Werden Drachen denn von Feinden bekämpft?« fragt Eli.
Edward ignoriert die möglichen Konsequenzen von Elis Frage. »Dann ist da Superman, und er tötet den Feind.«
Eli wird präziser. »Ist das ein guter Drache gewesen?«
»Ja, weil ich der Drache bin«, erklärt Edward.
»Wenn ich groß bin, werde ich erst mal eine Zeitlang ein Drache«, beschließt Eli, »und dann werde ich Astronaut.«
Edward hört sich Elis Ausführungen interessiert an, dann fährt er mit seiner Geschichte fort. »Ich brauche einen Papa und eine Mama in meiner Geschichte, und ein Baby und einen Babysitter. Und einen Vater.«
»Ein Papa ist ein Vater«, korrigiert Eli.
»Das ist ein anderer Vater. Nicht der Drache. Das bist du, Eli. Wir sind gute Drachen, jeder ist gut in unserer Familie.«

Als wir die Geschichte aufführen, spiele ich nur eine sehr untergeordnete Rolle, ich bin lediglich die Vorleserin. Denn diejenigen, die als Drachen ausgesucht werden, stellen bereits alle Fragen — hauptsächlich, ob Drachen denn nicht — wie Hexen — grundsätzlich böse sein müßten. Trotzdem scheint es hierbei keine einzige böse Frage zu geben, und Joseph fragt nicht einmal: »Blute ich?«, als er sterbend am Boden liegt.
Später, bei der Geschichte von *Hans und die Bohnenranke*, wird mir meine Rolle als hauptsächliche Fragestellerin unangenehm bewußt; aber noch stärker wird mir klar, welche Art von Fragen die Kinder bewegt: Werde ich die Geschichte »richtig« erzählen? Sie nehmen es als gegeben hin, daß Märchen die Macht haben, sie zu ängstigen.
In Edwards Drachengeschichte ist nichts »richtig«, jedes Element kann ausdiskutiert und gegebenenfalls geändert werden. Aber Märchen scheinen ein Eigenleben zu führen, unabhängig davon, wie stark der einfühlsame Erwachsene sich bemüht, die Zuhörer zu schützen.
»Frißt der Riese Hans?« erkundigt sich Samantha, obwohl sie die Geschichte genau kennt.
»Nein, Hans macht es überhaupt keine Schwierigkeiten, ihm zu entkommen.«
»Gut. Ich habe vergessen, ob er das in der richtigen Geschichte auch tut.«
Hat sie es wirklich vergessen? Oder erinnert sie sich nur zu gut daran, wie in einem Märchen plötzlich etwas Gestalt annimmt, was bisher im verborgenen schlummerte?
»Dann hörten sie den Riesen kommen«, erzähle ich weiter, wobei ich den gruseligen Satz auslasse, daß er riecht, es ist jemand im Haus, den er fressen möchte.
»Sieht der Riese ihn?«
»Nein, denn er hat sich versteckt, aber er kann den Riesen se-

hen. Und als der Riese einschläft, während er sein Gold zählt, schnappt sich Hans zwei Säcke voll und bringt sie seiner Mutter, damit sie niemals wieder arm sein müssen, und ...«
»Der Riese muß Hans verfolgen«, sagt Edward.
»Ich weiß, aber ich habe euch versprochen, daß ich es nicht gruselig erzähle. Jetzt muß ich mir eine Frage ausdenken, die euch gefällt. Möchte inzwischen jemand etwas über Hans sagen? Oder über den Riesen?«
Die Kinder scheinen zu sehr in Gedanken zu sein, um zu sprechen. Nachdem es eine Weile ganz ruhig war, fangen sie an, sich zu schubsen und zu knuffen, und schnell stelle ich meine vorbereitete Frage.
»Warum war wohl die Frau des Riesen so nett zu Hans?«
»Frauen sind eben nett«, antwortet Alex. »Sie mögen kleine Jungen.«
Alle sind plötzlich ganz Ohr und warten gespannt auf meine nächste Frage. Sie gehen davon aus, daß die Fragen über »Hans« von mir kommen, als ob ich allein die »richtigen« Fragen wüßte. Sie sind aufgeregt und haben das Bedürfnis, ihre eigenen Gedanken in Worte gefaßt zu hören, und sie wollen auch hören, was ihre Freunde denken.
»Ich frage mich, ob die Frau des Riesen vielleicht selbst einen kleinen Jungen hat?« Ist das eine gute oder eine böse Frage?
»Sie hatte früher einen«, sagt Samantha ganz entschieden. »Aber der Riese hat ihn versehentlich aufgefressen. Er wußte nicht, daß es sein eigenes Kind war.«
Glaubt Samantha das wirklich? Sie warnt mich davor, ihr Angst einzujagen, und dann erfindet sie ein Szenario, das viel schrecklicher ist als die Originalfassung. Hat meine Frage sie auf die Idee gebracht? Wahrscheinlicher ist, daß ihr die Möglichkeit einer Verwechslung schon früher einmal eingefallen ist, als sie das Märchen gehört hat, und daß sie jetzt durch

meine Fragestellung in der Lage ist, ihren Gedanken zu äußern. Oder erkläre ich den Vorgang nur deshalb rational, um weiterhin ohne Gewissensbisse Märchen als gutes Diskussionsmaterial heranziehen zu können?
»Du hast recht, Samantha«, ruft Joseph. »Und dann hat die Frau gedacht, Hans ist ihr Sohn, denn es war schon lange her, daß der Riese ihn aufgefressen hat, und sie wußte nicht mehr, wie er eigentlich ausgesehen hat.«
»Er hatte andere Kleider an«, ergänzt Simon und führt damit einen weiteren Beweis an.
»Oder er war ein Mädchen«, flüstert Jason.
»Und als er wieder lebendig wurde, ist er zu der armen Frau gegangen, um bei ihr zu leben, weil sie allein war und nicht einmal eine Katze hatte«, beschließt Arlene.
»Oder ein kleines Mädchen«, wiederholt Jason.
»Der Riese hat das kleine Mädchen aufgefressen«, erklärt ihm Alex. »Und den Vater auch.« Still denkt die Gruppe über diese Verkettung tragischer Ereignisse nach, die samt und sonders weder von mir noch aus dem Märchen stammen.
Wenn genug Zeit dafür ist, werden die Kinder alle meine Fragen, ob gut oder böse, auf den gleichen Punkt bringen: Sie schildern das Schicksal eines verletzlichen Kindes, das von Unsicherheit und Gefahren umgeben ist. Sie warnen mich davor, ihnen Märchen zu erzählen; aber wenn wir darüber sprechen, überschütten sie mich mit einer ganzen Lawine aufgeregter Reaktionen — als ob die Kinder nur auf jemanden gewartet hätten, der ihnen die Pforten zu ihren Träumen öffnet. Ich erinnere mich an Josephs Vordereingang und die Hintertür zu seinem Traum. Immer, wenn ein Märchen erzählt oder vorgelesen wird, muß der böse Löwe, den Joseph sich ausgedacht hat, auf den »weißen Teil« drücken und versuchen, dort hereinzukommen.
Wenn die Kinder gegenüber den »richtigen Geschichten« miß-

trauisch sind, müssen die Realitäten eines jeden Zaubermärchens ihre verborgenen Ängste und die in ihrem Innern verwurzelten Bilder und Vorstellungen ansprechen. Aber wenn das so ist, dann ist es vielleicht sogar gut, wenn man Fragen gestellt bekommt, die es einem erlauben, die Geschichten auszuschmücken, zu erklären, abzuwehren, zu beurteilen oder abzulehnen. Können böse Fragen zu guten Antworten führen?

»Das wird allmählich ein richtiges Dilemma für mich«, sage ich nach dem Unterricht. »Vielleicht sind die Kinder noch zu jung für Märchen.«
Gail nickt verständnisvoll. »Vielleicht sollten wir am besten gleich die geschriebene Fassung vorlesen — es erwartet ohnehin jeder das Schlimmste.«
»So wie ich es mache, wird es eine Art Spiel. Ich erzähle eine harmlose Fassung der Geschichte, und die Kinder erinnern sich an die ursprüngliche; dann diskutieren wir hypothetische Ereignisfolgen, die moralisch noch dicker auftragen und noch gruseliger sind als die in meiner Geschichte oder in der Buchversion. Aber ich bin mir sicher, daß die Kinder so vorgehen wollen. Sie wollen mich nicht die ›richtige‹ Fassung erzählen lassen. Sie bestehen darauf, das Märchen auf keinen Fall in der ›richtigen‹ Version zu spielen. Doch sobald das Thema zur Diskussion freigegeben ist, gibt es für sie kein Halten mehr. Dann kennen sie überhaupt keine Angst.«
»Weißt du, ich glaube, du hast recht«, sagt Trish. »Samantha will auf keinen Fall aus deinem Munde hören, daß der Riese kleine Kinder frißt, aber wenn sie oder ein anderes Kind auf so einen Gedanken kommen, ist es okay.«
»Was mich zu meinem Dilemma zurückbringt: Sollen wir nun Märchen erzählen oder nicht?«
»Vielleicht macht es einen Unterschied, wenn ein Kind die Ge-

schichten zu Hause auf dem Schoß der Mutter hört«, überlegt Gail.
»Das ist ein wichtiger Punkt«, sage ich. »Denn in der Schule sind sie ja gerade erst selbst in den dunklen Wald gegangen. Wißt ihr noch, wie Jason in der Puppenecke kurz Hans gespielt hat? Dann hat er plötzlich die Richtung der Geschichte umgedreht und ist immer kleiner und kleiner geworden. So gehen Kinder intuitiv mit allen Botschaften aus den Märchen um. Selbst Jason weiß, wie er sich schützen kann, ohne daß man es ihm erst erklären muß.«
»Willst du damit sagen, daß man ihnen die Märchen einfach erzählen soll, ohne darüber zu sprechen? Daß die Kinder sie auf ihre Art und Weise nachspielen sollen?«
»Oder in ihren Geschichten nacherzählen«, füge ich hinzu. »Seht doch, was Edward gestern mit Aschenputtel gemacht hat. ›Die Stiefmutter konnte Aschenputtel nicht leiden. Dann kam der Prinz und hat den Drachen getötet.‹ Was, wenn ich nun gefragt hätte: ›Warum konnte die Stiefmutter Aschenputtel nicht leiden?‹«
»Das hätte Joseph bestimmt für eine böse Frage gehalten.«
»Wahrscheinlich. Aber wäre Edward in der Diskussion in der Lage gewesen, die Stiefmutter in einen Drachen zu verwandeln und sie vom Prinzen töten zu lassen? Er wird seine schlechten Gefühle, die durch die Stiefmutter verursacht werden, nicht los, indem er darüber spricht, sondern indem ein Drache erschlagen wird, und ...«
»Moment, Vivian«, unterbricht mich Trish. »Wenn du der Gruppe diese Frage gestellt hättest, hätte Edward andere Meinungen und Erklärungsmuster gehört. Das wäre vielleicht nicht weniger hilfreich gewesen, als einen Drachen zu erschlagen. Ich meine damit, vielleicht sind beide Arten, damit umzugehen, notwendig?«

Ich scheine mir eine Seite aus Jasons Phase der »entschlossenen Ambivalenz« ausgeborgt zu haben. Märchen ja, Märchen nein. Ich bin schon fast soweit, in dieser Altersgruppe damit aufzuhören; aber ein Kollege, der die erste Klasse unterrichtet, hat mich bereits vor längerer Zeit gebeten, an einer dieser Diskussionen teilnehmen zu dürfen. Also wähle ich *Goldlöckchen und die drei Bären*, eine ziemlich harmlose Geschichte, und entscheide mich dafür, die Originalfassung zu erzählen.
Doch als ich an die Stelle komme: »Sie klopfte an die Tür, und niemand antwortete«, springt Samantha auf.
»Ich will nicht mehr zuhören«, nörgelt sie.
Joseph schließt sich ihr an: »Ich hasse diese Geschichte.«
»Ich verspreche euch, daß nichts Gruseliges vorkommt.«
»Erzählst du es so, daß sich die Bären freuen, wenn sie Goldlöckchen sehen? Oder erzählst du die Geschichte ›richtig‹?«
»Schreit der Vater-Bär sie an?« Es ist Edward, der diese Frage stellt.
»Ich habe eigentlich gedacht, daß die Bären einfach überrascht sind. Aber wenn du willst, dann freuen sie sich, und es schreit auch niemand.«
»Bist du sicher?«
»Arlene, ich ändere die Geschichten doch immer, wenn mich jemand darum bittet, oder? Deshalb erzähle ich sie ja und lese sie nicht vor.«
»Hast du das bei den drei kleinen Schweinchen auch gemacht?«
»Natürlich. Niemand wurde aufgefressen, nicht einmal der Wolf.«
»Aber in der richtigen Geschichte«, stellt Arlene fest, »frißt der Wolf zwei Schweinchen, stimmt's?«
»Denkst du über die richtige Geschichte nach, auch wenn ich sie abändere?«

Arlene antwortet nicht, aber ich erkenne, wie komplex dieses Thema ist. *Die drei kleinen Schweinchen* sind eben nicht *Das schwitzende Nilpferd*, wo sich die zentrale Frage um die Wahlfreiheit dreht: Darf das Nilpferd selbst entscheiden, ob es im Wasser oder an Land leben will? Darf Alex immer neben Joseph sitzen, wenn er will? Darf Jason ohne Aufforderung in Simons Geschichte hineinfliegen?

Vielleicht erscheinen den Kindern die Themen der Märchen so beängstigend, weil sie für die Wirklichkeit stehen. Die Märchen treffen auf die eine oder andere Art immer genau die entscheidende Frage, die jedes Kind bewegt: Werde ich im Stich gelassen werden? Wird mir Ähnliches widerfahren wie den Schweinchen? Wie werde ich merken, wenn Gefahr besteht, daß so etwas geschieht? Was kann ich tun, damit das Unvermeidbare mich nicht unvorbereitet trifft?

Ich fahre mit der Geschichte fort. Der kleine Bär sagt: »Mich stört es nicht, wenn sie in meinem Bett schläft. Ich möchte mit ihr spielen. Darf ich?«

»Tut er nur so? Weck sie vorsichtig auf«, verlangt Lilly. Anscheinend gibt es keine Möglichkeit, das Bild des kleinen Mädchens, das sich in ein fremdes Haus verirrt hat, loszuwerden.

Doch trotzdem brennen die Kinder geradezu darauf, in der Diskussion ihre Vorstellungen zu äußern. Hände fuchteln in der Luft herum, Augen leuchten, und auch ich bin ganz hingerissen vor Freude über ein gemeinsames Gespräch, das sich um ernsthafte Dinge dreht.

Lehrerin: Warum beschließt Goldlöckchen, in das Haus zu gehen?
Arlene: Sie hat nicht gewußt, wem das Haus gehört.
Joseph: Sie konnte nicht sagen, ob da wirklich ein Bär wohnt oder nicht.

Jason: Die Bären wohnen aber dort.
Samantha: Vielleicht hat sie gedacht, es wäre ihr eigenes Haus.
Lehrerin: Kann sie sich so irren?
Alex: Natürlich. Wahrscheinlich hat das Haus genauso ausgesehen wie ihres.
Arlene: Sie wollte wissen, wie es drinnen aussieht.
Eli: Drinnen gab es Haferbrei.
Lehrerin: War es richtig, daß sie ihn probiert hat?
Alle: Nein! Nein!
Lehrerin: Aber sie war doch sicher hungrig?
Arlene: Sie hätte nur gucken sollen, was drinnen war, und dann sagen, wenn ich nach Hause komme, frag ich meine Mama, ob sie mir auch so einen Haferbrei macht.
Katie: Nein, sie hätte das nicht zu ihrer Mama gesagt, denn die Mama hat zu ihr gesagt, daß sie dableiben soll.
Lilly: Sie wollte einen Mittagsschlaf machen. Deshalb ist sie hineingegangen.
Lehrerin: Oh, sie war müde!
Edward: Laß sie doch auf dem Boden schlafen.
Simon: Sie hätte auch auf dem Gras schlafen sollen.
Katie: Gras ist zu kalt.
Arlene: Ich hab' einen Schlafsack. Der ist ganz weich.
Lehrerin: Ihr meint also, sie hätte nicht in dem Bett des Bären schlafen sollen?
Samantha: In ihrem eigenen Bett, da soll sie schlafen. Oder in dem Bett von der Mama.
Joseph: Da läßt mich meine Mama schlafen, wenn mein Papa nicht da ist.
Lilly: Ich darf das, wenn ich schlecht geträumt habe.

Lehrerin: Vielleicht durfte Goldlöckchen das auch, wenn sie schlecht geträumt hat.

Die Kinder denken über das Bett ihrer Mama nach, und dieses leichtsinnige Mädchen, das in fremden Betten schläft, gefällt ihnen nicht. Ich versichere ihnen, daß Goldlöckchen den kleinen Bären anlächelt, aber den Kindern sitzt die Angst im Nacken. Samantha muß ihre Geschichte umschreiben und dabei Gruseliges ebenso vermeiden, wie ich es tue.

Goldlöckchen hat das Haus von den Bären gesehen und ist nach Hause gelaufen. Dann hat ihre Mama den ganzen Tag mit ihr gespielt und ist nicht zur Arbeit gegangen.

An anderen Tagen wiederum übertreibt Samantha die Gefahr. Ich erinnere mich an eine Version, in der alle drei Schweinchen gefressen werden, zuerst von dem »großen bösen Wolf«, und dann »wurden sie alle von den großen bösen Wölfen aufgefressen«.
Auch Joseph erzählt die Geschichte von Goldlöckchen nach, und obwohl es für ihn nicht ungewöhnlich wäre, wenn er sie auffressen ließe oder in einen Kerker stecken würde, drückt auch er sich dieses Mal um die Frage, inwieweit sie sich im Haus der Bären in Sicherheit befindet.

Die drei Bären. Und da war ein Wolf. Er hat das Haus umgeblasen.

Lilly versteht die Absicht, die sich hinter seiner Geschichte verbirgt. »Als Goldlöckchen dann vorbeikommt, sieht sie gar kein Haus, stimmt's?« Ich wäre gar nicht auf die Idee gekommen, solch eine Frage zu stellen.

»Sie hat ein anderes Haus gesehen«, erwidert Joseph. »Ihr eigenes Haus.«
Dieser Gedanke leuchtet Lilly ein und gefällt ihr sehr. Niemand am Geschichtentisch widerspricht Josephs Theorie, und ich halte mich mit bösen Fragen zurück und sage nicht: Hat sie sich im Wald verirrt? Hat sie deshalb plötzlich ihr eigenes Haus gefunden?
Es sieht ganz so aus, als könnte ich Lilly unendlich viele Fragen über ihre eigenen verlorengegangenen Mädchen stellen; ich kann auch die Wölfe, Löwen und bösen Krokodile von Joseph plastisch schildern, ohne die vertrauensvolle Stimmung der Kinder zu stören. Aber ich weiß nie im voraus, wann die bloße Erwähnung von *Goldlöckchen* das stille Wasser aufwühlt.
Meine eigenen innersten Gefühle werden durch die Märchenthematik angesprochen. Denn dieses Material birgt garantiert den Stoff für genau die aufregenden Entdeckungen, welche die Diskussionen, das Geschichtenerzählen und auch das Spiel bereichern. Darüber hinaus werden diese Vorstellungen, sind sie erst einmal in der Phantasie der Kinder verankert, schnell in kontrollierbare Formen gebracht. Anders als wir können Kinder nämlich in Sekundenschnelle neue Geschichten erfinden, um unwillkommene Bilder zu vertreiben.
Aber ist es klug oder gar notwendig, daß man als Lehrer diese beunruhigenden Gedanken vermittelt? Josephs Unterscheidung in Gut und Böse zwingt mich dazu, mich mit diesem Thema auseinanderzusetzen. Denn er ist ein Junge, dessen Spiele und Geschichten in einem sicheren und begrenzten Rahmen ständig ihre eigenen gefährlichen Fragen stellen und sie auch beantworten.
Märchen legen anscheinend genau die Art von Fallstricken aus, denen Jason ein halbes Jahr lang auszuweichen versucht

hat: Sie bilden einen unergründlichen Strom von »zufälligen« Verknüpfungen. Sind Märchen für die Klasse vielleicht das, was der Eichhörnchenbau für Jason war? Zuerst erschien er ihm gefährlich, doch er wurde fast jeden Tag mit ihm konfrontiert, und als er schließlich zum erstenmal wagte, ihn zu betreten, merkte er, daß der Eichhörnchenbau genau der richtige Platz war, um seine Hubschrauberphantasie zu testen und auszubauen. Wenn das tatsächlich der Fall wäre, müßte ich noch viel häufiger Märchen erzählen. Selbstverständlich nur, wenn der mangelnde Reiz des Neuen nicht dazu führt, daß bestimmte Reaktionen zu Ritualen verkommen.

»Warum schlägst du dich mit alldem herum?« fragt mich Trish. »Wenn du doch so viele Zweifel hast, warum hörst du nicht einfach eine Weile damit auf, Märchen zu erzählen?«
»Wahrscheinlich bin ich noch nicht soweit. Jeden Tag höre ich Geschichten wie gestern die von Edward, in denen die Märchenthematik sinnvoller Ausdruck der sozialen Beziehungen wird.« Edward hat sich kaum an der Diskussion um die drei Bären beteiligt, aber in seiner Geschichte bezieht er sich auf das Märchen.

Es war einmal, da war Edward in einem großen dunklen Wald. Dann ist ein Bär gekommen. Und Joseph und Katie und Simon sind gekommen. Es war ein böser Bär.

Als ich die Geschichte auf den Stapel legen will, nachdem wir sie aufgeführt haben, legt er Protest ein: »Ich bin noch nicht fertig. Ich brauche noch mehr Leute, die mit mir in den Wald gehen.«
»Wer will noch mit Edward zusammen in den Wald?« frage ich.

Arlene hebt die Hand. »Was machen wir, wenn wir den Bär sehen?«
»Ihn erschießen und einsperren.«
»Dann will ich nicht der Bär sein«, sagt Alex. »Nur wenn ich leben bleiben kann und meinen Haferbrei kriege.«
»Ja, den kriegst du. Er ist extra für dich abgekühlt.«
Edward muß nicht allein in den Wald, und der Bär bekommt seinen Haferbrei, damit er sich wohl fühlt. Diese momentanen Probleme sind gelöst, aber mir drängen sich noch andere Fragen auf.
Wäre Edward auch ohne solche Märchen wie das von den drei Bären in den Wald gegangen? Sicher, er könnte andere dunkle Plätze nutzen, die er kennt: hinter der Treppe, unter dem Bett, im Flur. Er müßte nicht unbedingt im Wald sein, obwohl natürlich ein Wald die perfekte Umgebung ist, um sich vorzustellen, daß man allein ist und Angst hat.
Hat unsere Diskussion Edward also nicht sogar dabei geholfen, mit seinem Gefühl der Einsamkeit umzugehen? Er kann sich Goldlöckchen in einem kuscheligen Schlafsack ausmalen, wie sie gerade entdeckt, daß das Haus hier genauso ist wie ihr eigenes, wo die Mutter sie mit einer Schüssel Haferbrei erwartet. Und vielleicht kann sie ja auch, wenn sie schlecht von den Bären träumt, einfach in das Bett ihrer Mama krabbeln. Alle diese Gedanken stehen Edward nun zur Verfügung, wenn er spielt oder eine Geschichte erzählt. Aber was fast noch wichtiger ist, er kann sich auch jedesmal daran erinnern, wenn er das Märchen von den drei Bären hört.
Und bestimmt wird er die Geschichte noch oft zu hören bekommen. Denn mit vier Jahren werden Kinder in Büchern, Comics und Filmen mit einer Vielzahl von Märchenhandlungen konfrontiert. Und die Kinder scheinen vorauszusetzen, daß die erschreckendste Variante einer Handlungsabfolge die

»richtige« Geschichte ist, was dazu paßt, daß wir überall Tragödien erwarten, wenn wir erst einmal alt genug sind, um die Angst vor dem Verlassenwerden zu erfahren, und uns diese Angst jederzeit vor Augen führen können.

Die Phantasie ist natürlich unser allererster Schutzwall gegen jede Art von Angst, und die Kinder erfahren im Rollenspiel, wie wichtig die Unterstützung Gleichaltriger ist, wenn sie es wagen, die Bohnenranke und den Wald auszuprobieren. Allmählich stimmen dann ihre individuellen Schutzsymbole überein mit den allgemeinen Ritualen, sich in der Welt draußen ähnlich sichere Zufluchtsorte zu bauen.

»Das ist das Haus der Bären«, sagt Lilly zu Jason.
»Bist du Goldlöckchen?«
»Ich wär' der Mutterbär. Wir haben kein Goldlöckchen. Wärst du der Babybär?«
»Ich wär' der Bruder.«
»Kein Hubschrauber, okay?«
»Na ja, du kannst im Wald bei den Bäumen keinen haben. Ist da ein Wolf?«
»Kein Wolf.«

Im Spiel werden Strohmänner aufgebaut und dann schnell wieder umgeworfen, manchmal so schnell, daß man den Vorgang gar nicht richtig durchschaut. Wirkliche Fragen werden in gespielte Fragen verwandelt, und das ursprüngliche Thema verschwindet im Wald oder wird vom Brummen des Hubschraubers übertönt.

Ferner beschäftigen sich die Fragen der Lehrerin, wenn es um das Spielen geht, hauptsächlich mit Verkleidungen und nur selten mit dem, was sich dahinter verbirgt. Das Geschichtenerzählen enthüllt häufig mehr, doch auch hier gibt es eine natürliche Schutzvorrichtung, die verhindert, daß man sich selbst belastet.

Lillys Familie tut selten etwas anderes als essen, schlafen und Zähne putzen. Joseph und Simon übernachten in Eichhörnchenlöchern, doch in der Diskussion um das Märchen von den drei Bären erfahren wir, wie gut es tut, in Mamas Bett zu schlafen, wenn man Angst hat. Selbst das schaurigste Märchen ist noch beschönigend gegenüber den tiefen, dunklen Ängsten, die in den Kindern schlummern.

Warum sollten wir es Kindern dann nicht erlauben, mit solchen Problemen auf kindgerechte Weise umzugehen, im Spiel und in Geschichten, die sie selbst erfinden? Denn dies sind doch schließlich die natürlichen, intuitiven Mittel der Kinder, mit denen sie die verschiedenen Aspekte ihrer Welt ausdrücken. Lassen wir einmal beiseite, daß man Märchen sowieso nicht ganz aus dem Weg gehen kann, und fragen wir uns, warum wir sie eigentlich brauchen.

Vielleicht, weil sie so wunderbare Geschichten erzählen. Sie zeigen die erwachsene Version kindlicher Phantasien, dargeboten in einem zusammenhängenden, dramatischen Stil, der genau zum spezifisch kindlichen Denken paßt. Nicht zuletzt liegt die größte Macht der Märchen in der offensichtlichen Verbindung zu den ursprünglichen Phantasievorstellungen der Menschheit, die in den Spielen kleiner Kinder ihren Ausdruck finden.

Wie merkwürdig das auch sein mag: Joseph entscheidet, daß es gute und böse Fragen gibt, und plötzlich wird die gesamte Thematik der Märchen für mich lebendig. Das erinnert mich wieder einmal daran, wieviel unter der Oberfläche jeder Begegnung liegt, die ich aufzeichne und beschreibe.

Habe ich eigentlich den Ideen, die nicht in Spiele oder Geschichten gepackt werden können, genügend Aufmerksamkeit geschenkt? Habe ich nach neuen Wegen gesucht, jedem Kind zu helfen, die Tür zu einer echten Teilnahme am Klassenleben zu öffnen?

Ich beende dieses Jahr mit Josephs Rätsel und Jasons »entschlossener Ambivalenz«. Was diese beiden intuitiv erkennen, muß ich zur weiteren Überprüfung mit meinem Kassettenrecorder und meinen Aufzeichnungen festhalten. Vielleicht ist das ein neuer Anfang in meiner fortlaufenden Analyse des Unterrichtens: Was sind die guten und was die bösen Fragen? Wie befreien beide Arten von Fragen den Geist und bringen verborgene Bedeutungen ans Licht?

Die Art, wie Joseph Fragen einteilt, weckt meine Neugier. Wir wissen beide, noch besser als das Brüllen von Löwen, das Schreien der Babys und das Brummen eines Hubschraubers ist das *Wort:* das Wort, das laut ausgesprochen wird, so daß alle es hören können. Wenn Josephs Frage mich dazu bringt, die Worte, die im Klassenzimmer gesprochen werden, neu zu hören, dann ist es sinnvoll, zuerst die Fragen der Kinder zu studieren. Denn wie sonst soll ich herausfinden, was »gut« und »böse« eigentlich bedeutet?

Mut zum Leben

(2365)

(2366)

(2383)

(75000)

(75012)

(75007)